CANTÁBRICO

FRANCIA

Santander
CANTABRIA
Laredo
Bilbao
San Sebastián
PAÍS VASCO
Vitoria
Pirineos
ANDORRA
ANDORRA LA VELLA
NAVARRA
Pamplona
Jaca
Aneto (3408)
Burgos
Logroño
LA RIOJA
Huesca
CATALUÑA
Gerona
Palencia
Soria
EÓN
Aranda de Duero
Zaragoza
Lérida
Costa Brava
Barcelona
Sistema Ibérico
ARAGÓN
Ebro
Tarragona
na del Campo
Segovia
Costa Dorada
MADRID
Guadalajara
Alcalá de Henares
Ávila
Cabo de Tortosa
MADRID
Teruel
Mallorca
Menorca
Aranjuez
Castellón de la Plana
Palma
Manacor
a Reina
Toledo
Cuenca
Turia
Valencia
Alcazar de San Juan
ISLAS BALEARES
CASTILLA-LA MANCHA
Júcar
VALENCIA
Ibiza
Albacete
Cabo de San Antonio
Ibiza
Ciudad Real
Formentera
Valdepenas
Alicante
Costa Blanca
Elche
MAR MEDITERRÁNEO
a
Jaén
MURCIA
Murcia
Béticos
Cartagena
NDALUCÍA
Sistemas
Granada
Mulhacén (3482)
Almería
ra
Sierra Nevada
Cabo de Gata
ARGELIA
del Sol

Melilla
OS

Jacaranda

Misako Tamba
Kumi Masuyama
Santiago J. Martín Ciprián

Editorial Dogakusha

本文イラスト：Lucille Wong、丹波オスカー（p.25, 29）
表紙：丹波オスカー
表紙デザイン：アップルボックス

まえがき

　新しい言葉を学ぶときは、同時にその言語が話されている地域の生活・習慣・文化にも触れてみたいものです。本書では、著者の長い海外生活とフィールドワークの経験を基に、スペイン語の多様な文化の背景を会話形式で紹介し、しっかりとした文法の解説をしています。

　スペイン語教育の場で、これまで多くの学習者と向き合ってきました。スペイン語を学ぶ際に重要なことは、学習した文法（主に動詞の活用）と語彙を、練習問題を通じて確認することです。学習者のみなさんに心がけていただきたいステップは、先ずは文法を学ぶ、次いで練習問題を解いたりまとまった文章を読んだりしてその知識を使ってみる、そしてこれらを踏まえて振り返ることです。

　本書の各項目は次の通りです。

Diálogo スペイン語圏の多様な文化を会話形式で紹介しています。チョコレートの飲み方、メキシコの多様な先住民言語、月にウサギがいる神話、チチカカ湖、ドン・キホーテなど、独立した読み物としてもご利用いただけます。各課で学習する文法事項を生かした会話文です。

Gramática 初めてスペイン語を学ぶ学習者のための基本的な文法の解説と例文から成っています。特に工夫した点は、各項目の後に練習問題をつけることによって学習した文法をその場で確認できることです。

Un poco más もう少し練習問題を付け足したい、語彙をもう少し覚えてほしい、会話も練習してもらいたい等、Gramática で扱えなかったところを補う内容となっています。

Repaso 巻末に 3 課ごとの練習問題を載せています。ご活用ください。

　本書の作成にあたって、地球の裏側からイラストを届けてくださった Lucille Wong 氏、多くの有益な助言を頂いたメキシコ在住の Antonio Flores 先生、稲川健太郎博士、また本書執筆の完成までを見守ってくださった同学社の石坂裕美子さん、そして亡き蔀純さんに心よりお礼申し上げます。

2020 年　秋　　　　　　　　　　　　　　　　　　　　　　　　　　　　　　著者一同

ÍNDICE 目次

ALFABETO

アルファベットを聞いて発音しましょう。Escucha y repite el alfabeto

大文字	小文字	名称		発音	
A	a	a	ア	agua(水)	Argentina
B	b	be	ベ	bebé(赤ちゃん)	Bolivia
C	c	ce	セ	cacao(カカオ)	Cuba
(Ch)	(ch)	che	チェ	chocolate(チョコレート)	Chile
D	d	de	デ	dalia(ダリア)	Dinamarca
E	e	e	エ	elefante(象)	Europa
F	f	efe	エフェ	familia(家族)	Francia
G	g	ge	ヘ	gato(猫)	Guatemala
H	h	hache	アチェ	hospital(病院)	Honduras
I	i	I	イ	iglesia(教会)	Italia
J	j	jota	ホタ	ajo(ニンニク)	Japón
K	k	ka	カ	kiwi(キウイ)	Kenia
L	l	ele	エレ	luna(月)	Lima
(Ll)	(ll)	elle	エジェ	lluvia(雨)	silla(椅子)
M	m	eme	エメ	madre(母)	México
N	n	ene	エネ	nombre(名前)	Nicaragua
Ñ	ñ	eñe	エニェ	niño(子供)	España
O	o	o	オ	ojo(目)	Colombia
P	p	pe	ペ	pan(パン)	Perú
Q	q	cu	ク	queso(チーズ)	química(化学)
R	r	erre	エレ	naranja(オレンジ)	Francia
—	(rr)	erre doble	エレ(巻舌)	perro(犬)	arroba(@)
S	s	ese	エセ	sol(太陽)	Suecia
T	t	te	テ	tomate(トマト)	Turquía
U	u	u	ウ	uva(ブドウ)	Uruguay
V	v	uve	ウベ	vino(ワイン)	Venezuela
W	w	uve doble	ウベ・ドブレ	wifi(Wi-Fi)	William
X	x	equis	エキス	examen(試験)	extranjero(外国人)
Y	y	ye	ジェ	ayer(昨日)	Yucatán
Z	z	zeta	セタ	zapato(靴)	Suiza

1. スペイン語のアルファベットは 27 文字。1994 年以前は複文字 ch・ll・rr もアルファベットの一文字として扱われていた。

2. y の読み方は 2010 年の正書法改正で「イグリエガ」から「ジェ」に変更された。

Lección 1 Pronunciación

1 文字と発音　Letras y pronunciación

1) 単母音

強母音 / 開母音			弱母音 / 閉母音		
a [a]	agua 水	música 音楽	**i** [i]	isla 島	icono アイコン
e [e]	eco こだま	elefante 象	**u** [u]	uva ブドウ	sauna サウナ
o [o]	ajo ニンニク	ojo 目			

2) 二重母音　連続する２つの母音を１つの母音とみなす。

a) 強母音 + 弱母音　　　　b) 弱母音 + 強母音　　　　c) 弱母音 + 弱母音

(**ai　au**)　aire 空気　　　(**ia　ua**)　cuadro 絵　　　(**iu　ui**)　ciudad 都市

(**ei　eu**)　peine くし　　　(**ie　ue**)　fiesta 祭　　　　　　　　ruina 遺跡

(**oi　ou**)　boina ベレー帽　(**io　uo**)　violín バイオリン

3) 子音

AFI*　　　　　　　　　　　　　　　　　　*Alfabeto Fonético Internacional

		AFI			
b = v		[b]	banco 銀行	vino ワイン	
c	(ca　co　cu)	[k]	casa 家	corona 冠	
	(ce　ci)	[θ/s]	cena 夕食	cine 映画館	
ch		[tʃ]	chocolate チョコレート	noche 夜	
d		[d]	dado サイコロ	dedo 指	
	語末ではほぼ無音		ciudad 都市	¡salud! 乾杯！	
f		[f]	famoso 有名	oficina オフィス	
g	(ga　go　gu)	[g]	gato 猫	agua 水	
	(ge　gi)	[x]	gente 人々	girasol ヒマワリ	
	(gue　gui)	[g]	guerra 戦争	guitarra ギター	
	(güe　güi)	[gw]	bilingüe バイリンガル	pingüino ペンギン	
h	(無音)	[-]	hotel ホテル	hospital 病院	
j		[x/h]	Japón 日本	ojo 目	

k	（主に外来語）	[k]	kilogramo キログラム	karaoke カラオケ
l		[l]	pelo 毛(髪の毛)	leche ミルク
ll		[j]	lluvia 雨	calle 通り
m		[m]	mano 手	amigo 友達
n		[n]	no いいえ	nunca 決して
ñ		[ɲ]	año 年	muñeca 人形
p		[p]	padre 父	papel 紙
q	（que qui）	[k]	queso チーズ	quiosco 売店
r		[ɾ]	pero しかし、だけど	sombrero 帽子
	（語頭は巻き舌）	[r]	rosa バラ	radio ラジオ
rr	（語間は巻き舌）	[r]	perro 犬	tierra 地球
s		[s]	sopa スープ	sala 居間
t		[t]	tomate トマト	taza 茶碗
w		[w]	whisky ウイスキー	Washington ワシントン
x	（母音間）	[ks]	éxito 成功	taxi タクシー
	（子音前）	[s]	excursión 遠足	extranjero 外国人
	（例外）	[x]	México メキシコ	
y		[j]	yo 私	yate ヨット
	（単独・語末）	[i]	y そして	hoy 今日
z		[θ/s]	zapato 靴	plaza 広場

🔊
6

4) 二重子音 "l" または "r" が２番目につく子音の組み合わせを二重子音と呼ぶ。

bl	**cl**	**fl**	**gl**	**pl**
blanco 白	claro 明るい	flor 花	gloria 栄光	plano 図
br	**cr**	**dr**	**fr**	
libre 自由	croqueta コロッケ	drama ドラマ	fresa いちご	

3

gr	**pr**	**tr**
grupo グループ	pronto 急いで	tren 電車

2 音節　División silábica

音節とは、母音を中心とした音の単位（まとまり）を指す。

1）2重母音は1つの音節とみなす。強母音＋強母音は別の音節になる。

cie-lo 空　　　pei-ne くし　　　co-a-la コアラ　　　o-a-sis オアシス

2）2重母音の弱母音にアクセント符号がつく場合は2つに分かれる。

dí-a 日　　　pa-ís 国　　　tí-o 叔父

3）2重子音は1つの子音とみなす。ch, ll, rr は1つの子音とみなす。

gra-cias ありがとう　　　tra-ba-jo 仕事　　　co-che 車　　　pe-rro 犬

4）母音と母音の間に子音が1つある場合は、子音は後ろの母音につく。

a-ra-ña 蜘蛛　　　mu-se-o 博物館　　　me-sa 机

5）母音と母音の間に子音が2つある場合は、子音は前と後ろの母音につく。

es-tu-dian-te 学生　　　car-ta 手紙　　　fies-ta 祭

6）母音と母音の間に子音が3つある場合は、前の2つの子音は前の母音に、後ろの1つは後ろの母音につく。

mons-truo モンスター　　　obs-tá-cu-lo 障害物　　　ins-ti-tu-to 専門学校

3 アクセントの位置　Acentuación

1）母音または子音 -n, -s で終わる語は、後ろから2番目の母音を強めに発音する。

ca-sa 家　　　que-so チーズ　　　e-xa-men 試験　　　te-nis テニス

2）母音または子音 -n, -s 以外で終わる語は最後の母音を強めに発音する。

Ma-drid マドリード　　　hos-pi-tal 病院　　　U-ru-guay ウルグアイ

3）アクセント符号がある場合は、その母音を強く発音する。

plá-ta-no バナナ　　　a-diós さようなら　　　es-ta-ción 駅

Ejercicio 1 次の単語を音節に分け、アクセントのある母音を○で囲みましょう。

1. televisión	2. ejemplo	3. hotel	4. clase	5. país
6. ejercicio	7. hola	8. adiós	9. gracias	10. perdón
11. España	12. México	13. Cuba	14. Perú	15. Colombia

4

Un poco más 1

1. Saludos y expresiones　日常的に使う表現

¡Hola!　やあ。/ こんにちは。（一日中使える軽い挨拶）	Gracias　ありがとう
Buenos días　おはようございます	De nada　どういたしまして
Buenas tardes　こんにちは	Adiós　さようなら
Buenas noches　こんばんは	Hasta luego　またね
Mucho gusto　よろしく	Encantado/a　よろしく
¿Cómo te llamas?　君の名前は？	
Me llamo .... ¿y tú?　私の名前は .... 、君の名前は？	

2. Practica.　クラスメートに挨拶して名前を聞いてみましょう！

A: ¡Hola! Me llamo .... mucho gusto. ¿Cómo te llamas?

B: Me llamo .... , encantado（男性）/ encantada（女性）.

3. Lee y subraya la vocal acentuada.　次のスペイン語を読んで、アクセントのある個所に下線を引きましょう。

1）Paraguay　　　2）Uruguay　　　3）Bolivia　　　4）Venezuela

5）Colombia　　　6）Argentina　　　7）Chile　　　8）España

9）Guatemala　　10）Cuba　　　11）Ecuador　　12）México

4. Vamos a contar hasta 30.　声に出して読みましょう！

0　cero

1	uno	11	once	21	veintiuno
2	dos	12	doce	22	veintidós
3	tres	13	trece	23	veintitrés
4	cuatro	14	catorce	24	veinticuatro
5	cinco	15	quince	25	veinticinco
6	seis	16	dieciséis	26	veintiséis
7	siete	17	diecisiete	27	veintisiete
8	ocho	18	dieciocho	28	veintiocho
9	nueve	19	diecinueve	29	veintinueve
10	diez	20	veinte	30	treinta

Lección 2 Saludos

Saludos

Jorge: Hola, Sara.

Sara: Hola, Jorge, ¿qué tal?

Jorge: Bien, gracias. ¿Y tú*?

Sara: Yo también bien, gracias.

Jorge: Hasta luego, Sara.

Sara: Adiós, Jorge, hasta mañana.

13

En la cafetería

Jorge y Sara: Buenos días.

Camarera: Bienvenidos[1]. Buenos días.

Jorge: Un café, por favor.

Camarera: ¿Y para usted[2]?

Sara: Un café con leche.

Camarera: En seguida

---

1) Bienvenidos：いらっしゃいませ。
2) 親しい間柄では tú（君）を、初めて会う人または目上の人に対しては usted を使用します。
ウエイター・ウエイトレスのことをスペインでは主に camarero, camarera が、中米（メキシコ等）では mesero/-a が一般的に用いられます。

6

1 名詞の性　El género de los sustantivos

スペイン語のすべての名詞は、文法上の男性名詞か女性名詞のいずれかに区別される。

1) 自然の性を持つ名詞。

男性名詞：niño 男の子　　profesor 教師　　padre 父親

女性名詞：niña 女の子　　profesora 教師　　madre 母親

2) 自然の性を持たない名詞は語尾によって区別できる。

語尾が -o で終わる語彙は男性名詞が多い。-a, -ción, -sión, -dad で終わる語彙は女性名詞が多い。

男性名詞：piano ピアノ　　teléfono 電話　　libro 本

女性名詞：mesa 机　　casa 家　　universidad 大学　　canción 歌

3) -o / -a で終わる、例外の名詞。

男性名詞：día 日　　problema 問題　　sofá ソファー　　mapa 地図

女性名詞：mano 手　　radio ラジオ　　foto 写真　　moto バイク

4) 同じ語尾で性が異なるもの。

男性名詞：coche 車　　lápiz 鉛筆　　rey 王

女性名詞：noche 夜　　luz 光　　ley 法

5) 男女同形のもの：estudiante 学生　　pianista ピアニスト　　turista 観光客

2 名詞の数　El número

名詞には単数形と複数形がある。

■ 複数形の作り方

1) 単数形が母音で終わる名詞：amigo ＋s → amigos

2) 単数形が子音で終わる名詞：hospital ＋es → hospitales

3) 語尾が -s で終わり、最後の母音にアクセントがない語は単複同形：

cumpleaños → cumpleaños　　paraguas → paraguas

4) -z で終わる語は -z を -c に変えて -ces にする：lápiz → lápices

5) アクセント符号の消失と付加に注意する語：estación → estaciones　　joven → jóvenes

Ejercicio 1　次の名詞を複数形にして，意味も覚えましょう。

1. niño　（　　） 　2. casa　（　　） 　3. profesor　（　　）

4. libro　（　　） 　5. coche　（　　） 　6. hotel　（　　）

7. madre　（　　） 　8. estudiante　（　　） 　9. universidad　（　　）

10. hospital　（　　） 　11. estación　（　　） 　12. rey　（　　）

Ejercicio 2　スペイン語で書いてみましょう。

1. 大学　（　　） 　2. 車　（　　） 　3. 父親　（　　）

4. スペイン人(男)　（　　） 　5. 日本人(女)　（　　） 　6. 母親　（　　）

7. 教師(女)　（　　） 　8. さようなら　（　　） 　9. 手　（　　）

3 冠詞 　El artículo

スペイン語には定冠詞と不定冠詞がある。後に来る名詞の性・数に一致する。

1) 定冠詞はすでに話題になった特定の人や物を指す。

2) 不定冠詞は初めて話題にする不特定な人や物を指す。

単数は「ある、一つ（一人）の」、複数形は「いくつかの、何人かの」を意味する。

定冠詞　Artículo definido

	男性	女性
単数	**el** niño	**la** niña
複数	**los** niños	**las** niñas

不定冠詞　Artículo indefinido

	男性	女性
単数	**un** libro	**una** casa
複数	**unos** libros	**unas** casas

Ejercicio 3 左側には定冠詞を、 右側に不定冠詞を入れましょう。

1. (　　　　　) casa　　　　　2. (　　　　　) libro

3. (　　　　　) universidad　　4. (　　　　　) profesoras

5. (　　　　　) coches　　　　6. (　　　　　) amigo

7. (　　　　　) padre　　　　　8. (　　　　　) televisión

9. (　　　　　) canciones　　 10. (　　　　　) hospitales

4 **hay**（haber）　Verbo *haber*

不特定な人物や事物の存在を表す「〜がある、〜がいる」。en は場所を表す前置詞「〜に、〜で」。
hay の後ろには「不定冠詞・無冠詞・数・数量を表す形容詞」＋名詞が来る。

1) 不定冠詞：Hay **un libro** en la mesa. Hay unos estudiantes en la cafetería.

2) 無冠詞：Hoy no hay clase. Hay mesas y sillas en las aulas.

3) 数などを伴う名詞：Hay cinco gatos en el parque.

4) 数量を表す形容詞：mucho, -a, -os, -as（たくさんの、多くの）　poco, -a, -os, -as（少しの）

Hay muchos estudiantes en la clase.　　Hay pocos libros en la biblioteca.

Ejercicio 4 点線には不定冠詞や数・数量を表す形容詞を入れ、無冠詞なら X を記入しましょう。

1. Hay .... universidad en la ciudad.

2. Hay ....（何匹かの）perros en el jardín.

3. Hay ....（たくさんの）libros en la mesa.

4. Hay ....（10人）niños en el parque.

5. No hay .... clases en la universidad.

6. Hay .... coche en el garage.

Un poco más 2

🔊
14

1. Practica las siguientes palabras y expresiones.　以下の単語を覚えましょう。

1) mesa 机　　2) silla 椅子　　3) casa 家　　4) parque 公園　　5) libro 本

6) coche 車　　7) tren 電車　　8) autobús バス　　9) universidad 大学

10) estudiante 学生　　11) amigo 友達　　12) estación 駅　　13) ciudad 都市

14) biblioteca 図書館　　15) día 日　　16) noche 夜　　17) gato 猫　　18) perro 犬

Escribe el plural con su artículo adecuado.　上記の語に定冠詞と不定冠詞を加え、複数形を作り

ましょう。例）las / unas casas

1)	2)	3) ....
4)	5)	6) ....
7)	8)	9) ....
10)	11)	12) ....
13)	14)	15) ....
16)	17)	18) ....

2. Practica con tu compañero las siguientes expresiones.　以下の表現を使ってみましょう。

a) スペイン語で～は何と言いますか？ ¿Cómo se dice ～ en español?

1) ¿Cómo se dice「机」en español?　　Se dice ....

2) ¿Cómo se dice「椅子」en español?　　Se dice ....

3) ¿Cómo se dice「学生」en español?　　Se dice ....

4) ¿Cómo se dice _____ en español?　Se dice ....

b) ～はどういう意味ですか？ ¿Qué significa ～ ?

1) ¿Qué significa *buenos días*?　　Significa ....

2) ¿Qué significa *buenas tardes*?　　Significa ....

3) ¿Qué significa *gracias*?　　Significa ....

4) ¿Qué significa *hasta luego*?　　Significa ....

3. Escribe con letras los siguientes números.　数字を書きましょう。

13	16 ....
23	27 ....
4	10 ....
14	20 ....
5	15 ....

Lección 3 En la universidad

Jorge y Mika son estudiantes.

Jorge: Mika, ¿de dónde eres?

Mika: Yo soy de Tokio, ¿y tú?

Jorge: Yo soy mexicano, de la Ciudad de México.

Mika: Jorge, ¿quién es la chica alta?

Jorge: Es Pilar. Es muy simpática. Somos amigos.

Mika: ¿De dónde es Pilar?

Jorge: Ella es de Madrid, la capital de España.

メキシコの首都は Ciudad de México です。　La capital de México es La Ciudad de México.
スペインの首都は Madrid です。　La capital de España es Madrid.

1 **主語人称代名詞** Pronombres personales de sujeto

	単数		複数	
1人称	yo	私	nosotros/ -as	私たち
2人称	tú	君	vosotros/ -as	君たち
3人称	él	彼	ellos	彼ら
	ella	彼女	ellas	彼女ら
	usted	あなた（敬称）	ustedes	あなた方（敬称）

1) 同世代、家族、友達など親しい間柄では tú, vosotros が使われ、初対面、目上の人、敬意を表す相手に対しては usted, ustedes が使われる。

2) usted / ustedes（あなた／あなた方）の意味は2人称だが、これに対応する動詞の活用は3人称を用いる。

3) 中南米諸国では vosotros はほとんど使用されない。

4) usted, ustedes は Ud. Uds. と省略される。

5) 文脈から明らかな場合は（usted, ustedes を除いて）主語人称代名詞は省略されることがある。

2 **ser 動詞（～である）直説法現在** Verbo *ser*

	単数		複数	
1人称	yo	**soy**	nosotros/ -as	**somos**
2人称	tú	**eres**	vosotros/ -as	**sois**
3人称	él	**es**	ellos	**son**
	ella		ellas	
	usted		ustedes	

1) 主語の身分、職業、国籍、主語との同一性を表す。

Soy estudiante. **Somos** japoneses.

José **es** profesor. Ellos **son** José y Mirta.

2) ser de ＋ ～ 主語の出身・所有・材料を表す。

Yo **soy** de Madrid. Los libros **son del** profesor. La blusa **es de** seda.

（注）de + el → **del**（結合）**del** profesor de + la → de la（結合なし）**de la** profesora

Ejercicio 1 ser を適切な形に活用させましょう。

1. Yo ＿＿＿＿＿＿ estudiante. 2. Nosotros ＿＿＿＿＿＿ chilenos.

3. José y Mirta ＿＿＿＿＿＿ de Cuba. 4. ¿Usted ＿＿＿＿＿＿ profesor?

5. El gato ＿＿＿＿＿＿ de Laura. 6. Los libros ＿＿＿＿＿＿ de ellos.

7. ¿Tú ＿＿＿＿＿＿ japonesa? 8. Ellos ＿＿＿＿＿＿ españoles.

3 形容詞　Adjetivos

1）形容詞の性・数変化

	単数	複数
語尾が - o （性・数変化）	alto alta	alto + s → altos alta + s → altas
語尾が - o 以外の母音 （数変化のみ）	grande	grande + s → grandes
語尾が子音 （数変化のみ）	fácil	fácil + es → fáciles
国籍を表す形容詞 （ほぼ性・数変化）	japonés japonesa	japonés + es → japoneses japonesa + s → japonesas

【対義語】grande / pequeño　　fácil / difícil　　bonito / feo　　caro / barato

simpático / antipático　　alto / bajo　　gordo / delgado　　largo / corto

2）形容詞の位置

a）形容詞は通常名詞の後ろに置き、修飾する名詞の性・数に一致する。

un coche caro → unos coches caros　　una casa grande → unas casas grandes

b）ser ＋形容詞　　主語の性質、特徴などを表す。　Raúl es alto.　　Los niños son simpáticos.

Ejercicio 2　文全体を複数形にしましょう。例：El libro es caro. → Los libros son caros.

1. El estudiante es alto.　　..

2. La universidad es grande.　　..

3. El gato es simpático.　　..

4. La niña es bonita.　　..

5. El ejercicio es fácil.　　..

4 否定文と疑問文　Oración negativa e interrogativa

1）動詞の前に"no"を置くと否定文になる。José no es estudiante.

2）疑問文は「動詞＋主語」あるいは「主語＋動詞」になる。

¿Es Mayu japonesa?　　¿Mayu es japonesa?

3）疑問文に対しての答え方。　¿Es Raúl futbolista? −Sí, es futbolista. / −No, no es futbolista.

4）疑問詞を用いる疑問文：疑問詞＋動詞＋主語

qué	¿Qué hay en la mesa?	机には何がありますか？
quién	¿Quién es ella?	彼女は誰ですか？
de quién	¿De quién es el libro?	その本は誰のですか？
dónde	¿Dónde hay un banco?	銀行はどこにありますか？
de dónde	¿De dónde sois vosotros?	君たちはどこの出身ですか？
cómo	¿Cómo es el gato?	どんな猫ですか？
cuándo	¿Cuándo es el concierto?	コンサートはいつですか？

Un poco más 3

1. Relaciona.　左の質問に当てはまる答えを右の列から選びましょう。

1）¿Qué hay en la mesa?　（　　）　　a. Somos de Argentina.

2）¿De dónde es Carlos?　（　　）　　b. Sí, son estudiantes.

3）¿Quién es él?　（　　）　　c. Es grande.

4）¿Es usted mexicano?　（　　）　　d. No, soy español.

5）¿Son ellos estudiantes?　（　　）　　e. Es de José.

6）¿De quién es el libro?　（　　）　　f. Hay dos libros.

7）¿De dónde sois vosotros?（　　）　　g. Es el profesor de español.

8）¿Cómo es el gato?　（　　）　　h. Es de México

2. Países y nacionalidades.　国名と国籍です。表の空欄を埋めましょう。

国名	男性単数	女性単数	男性複数	女性複数
Japón	japonés	japonesa	japoneses	japonesas
España	español			españolas
México		mexicana		
Argentina	argentino			
Colombia			colombianos	
Chile				chilenas
Perú		peruana		
Cuba			cubanos	

3. Escribe el sujeto adecuado.　下線に当てはまる主語を入れましょう。

1）A: ¿＿＿＿＿＿ eres de México?　B: No, soy de Argentina.

2）A: ¿De dónde es ＿＿＿＿＿?　B: Soy japonés, de Tokio.

3）A: ¿Sois ＿＿＿＿＿ cubanos?　B: No, somos peruanos.

4）A: ¿＿＿＿＿＿ son españolas?　B: Sí, son españolas.

4. Relaciona.　対義語を選びましょう。

1）grande（　　）　　a. barato

2）alto　（　　）　　b. delgado

3）gordo（　　）　　c. pequeño

4）bonito（　　）　　d. fácil

5）difícil（　　）　　e. bajo

6）caro　（　　）　　f. feo

16

Alicia: Mi casa está cerca de nuestra universidad. ¿Dónde está tu casa?

Mika: Está en la Colonia del Valle[1]. Es un lugar tranquilo y bonito con muchas jacarandas[2] en la calle. A propósito, ¿dónde está la parada de autobús?

Alicia: Está en la esquina frente al supermercado.

Una señora: Disculpe, ¿hay un banco por aquí?

Alicia: Sí, hay uno cerca de la estación del metro.

La señora: Y ¿dónde está la estación?

Alicia: Está allí, en la Avenida Insurgentes[3].

La señora: Muchas gracias. Muy amable.

---

1) Colonia del Valle はメキシコ市にある静かな住宅街です。
2) Jacaranda は熱帯アメリカに分布する植物です。春には街路樹として紫色の花を咲かせ、街並みを美しく彩ります。日本の桜のようです。
3) Avenida Insurgentes: Insurgentes 通りはメキシコ市の南北を貫き、メキシコでは一番長い通りです。

1 estar 動詞の直説法現在　Verbo *estar*

	単数		複数	
1人称	yo	**estoy**	nosotros/-as	**estamos**
2人称	tú	**estás**	vosotros/-as	**estáis**
3人称	él, ella, usted	**está**	ellos, ellas, ustedes	**están**

■ estar 動詞の用法

estar ＋場所を表す副詞（句）。特定の人物や事物の所在を表す。

1) 主格人称代名詞が主語の場合：Yo **estoy** en la universidad.（＋副詞句）

2) 定冠詞＋名詞が主語の場合：Los niños **están** aquí.（＋副詞）

3) 固有名詞が主語の場合：La Alhambra **está** lejos de Madrid.（＋副詞句）

Ejercicio 1　estar を適切な形に活用させましょう。

1. A: ¿Dónde .... los niños?　　　B: .... en el jardín.

2. A: ¿Dónde .... （tú）?　　　B: .... en la cafetería.

3. A: ¿Dónde .... el banco?　　　B: .... cerca de la estación

4. A: ¿ .... Luis y María en casa?　B: No, ... en el colegio.

5. A: ¿Dónde .... Buenos Aires?　B: .... en Argentina.

2 estar と hay　Uso de *estar* y *haber*

1) **estar** は特定の人物や事物の所在を表す。

El banco **está** frente a la estación.　　El Museo del Prado **está** en Madrid.

2) **hay** は不特定の人物や事物の存在を表す。

Hay un banco cerca de la estación.　　**Hay** un museo interesante en esa ciudad.

Ejercicio 2　hay か estar を適切な形に活用させましょう。

1. A: ¿Qué .... en la mesa?　　　B: .... unos libros.

2. A: ¿Qué .... frente a la estación?　B: .... un banco.

3. A: ¿Dónde .... la Alhambra?　　B: .... en Granada.

4. A: ¿Dónde .... los estudiantes?　B: .... en clase.

5. A: ¿ .... el doctor en casa?　　B: No, ... en el hospital.

3 場所を表す指示詞　Adverbios de lugar

aquí ここ	**ahí** そこ	**allí** あそこ

Ejercicio 3　適切な語彙を入れましょう。

1. ¿Qué hay（ここに）............... ? −Hay unos diccionarios.

2. ¿Qué hay（そこに）............... ? −Hay una biblioteca.

3. ¿Dónde están los niños?　　−Están（あそこに）................

4 「estar ＋ 形容詞」「ser ＋ 形容詞」 *estar / ser* + adjetivo

1) estar ＋ 形容詞 ： 主語の一時的な状態を表す。形容詞は主語の性・数に一致する。

   Yo estoy cansado.　　La cafetería está cerrada.　　Ana está nerviosa hoy.

   （注）副詞 bien（よく）や mal（悪く）とともに用いられる。

   ¿Cómo están tus padres?　　Están bien, gracias.

2) ser ＋ 形容詞 ： 主語の特徴や性質などを表す。形容詞は主語の性・数に一致する。

   Sara es guapa.　　El libro es muy interesante.　　Ana es nerviosa.

Ejercicio 4　日本語訳を参考に、ser または estar を活用して入れましょう。

1. Sara y Jorge .... cansados.　　　サラとホルヘは疲れている。

2. La casa .... grande.　　　家は大きい。

3. El café .... caliente.　　　コーヒーは温かい / 熱い。

4. Ellos .... muy amables.　　　彼らはとても親切だ。

5. ¿Cómo .... Carmen?　　　カルメンは元気？

5 所有形容詞前置形　Los pronombres posesivos

	単数	複数
1人称	mi （mis）	nuestro （-a, -os, -as）
2人称	tu （tus）	vuestro （-a, -os, -as）
3人称	su （sus）	su （sus）

用法 ： 名詞の前に置き、名詞の性・数に一致する。

（注）所有者ではなく、所有物（名詞）に性・数一致する。冠詞と共に使うことはできない。

Mis libros están en la mesa.　　私の本（複数）は机にあります。

Nuestro padre es médico.　　私たちの父親（男性名詞・単数）は医者です。

Vuestra casa es nueva.　　君たちの家（女性名詞・単数）は新しい。

Su profesora es mexicana.　　（彼の / 彼女の / 彼らの / 彼女らの / あなたの / あなた方の）

　　　　　　　　　　　　　　　先生（女性名詞・単数）はメキシコ人です。

Ejercicio 5　所有形容詞前置形を空欄に入れましょう。

1. A: ¿Cuál es tu número de teléfono?　　　B: .... teléfono es el 080-123-789.

2. A: ¿De dónde son tus amigos?　　　B: .... amigos son de Argentina.

3. A: ¿Dónde está el libro de José?　　　B: .... libro está en la mesa.

4. A: ¿Cómo es .... （君たちの） gato?　　　B: Es juguetón（遊び好き）.

5. A: ¿Son médicos .... （彼らの） padres?　　　B: No, ellos son profesores.

Un poco más 4

🔊
17

1. Frases preposicionales de lugar　場所を表す前置詞句

cerca de / junto a ～の近く / 隣	lejos de ～から遠く
dentro de　～の中	fuera de　～の外
debajo de ～の下	encima de ～の上
delante de ～の前	detrás de ～の後ろ
a la derecha de ～の右	a la izquierda de ～の左

Escribe lo contrario. 下線を反対の意味にして、全文を書きかえましょう。

1) Mi casa está lejos del parque.　...

2) Las llaves están dentro de la mochila.　...

3) El gato está debajo del sofá.　...

4) La estación está a la derecha del banco.　...

5) La universidad está junto al parque.　...

6) Hay un teatro delante del hospital.　...

2. Escoge la oración correcta.　正しい方に○を入れましょう。

1) Mi padre es médico.　(　)　　Mis padres es médico.　(　)

2) Nuestras casa son grande.　(　)　　Nuestras casas son grandes.　(　)

3) Tus correo electrónico.　(　)　　Tu correo electrónico.　(　)

4) Vuestro amigo es cubano.　(　)　　Vuestros amigo es cubanos.　(　)

5) Sus libros de Elena.　(　)　　Su libros de Elena.　(　)

3. Practica con tu compañero.　枠内から首都を選びましょう。

Buenos Aires, Madrid, Caracas, La Habana, Santiago, Brasilia, Guatemala, Lima, Quito

1) ¿Cuál es la capital de España / Chile / Venezuela?　Es ....

2) ¿Cuál es la capital de Cuba / Brasil / Guatemala?　Es ....

3) ¿Cuál es la capital de Argentina / Perú / Ecuador?　Es ....

Lección 5 En la Ciudad de México

18

Sara está con su amiga Mika en la Ciudad de México. Ellas estudian en la universidad. Ahora caminan por Insurgentes.

Mika: Sara, ¿qué es aquel edificio alto?

Sara: ¿Cuál? ¿Aquel con mirador?

Mika: Sí.

Sara: Es el Centro de Comercio Mundial* de México. Mi tía trabaja allí, en la sección de Intercambio Comercial entre México y Japón. Ella habla español, inglés y japonés.

Mika: ¡Estupendo! Y ¿de quién son esos murales? Son muy grandes.

Sara: Son de Siqueiros, un famoso pintor y muralista de México.

Mika: ¡Son impresionantes! Sara, ¿qué estudias en la universidad?

Sara: Estudio Arte de México.

*Centro de Comercio Mundial＝*World Trade Center*：ワールド・トレード・センター
メキシコには多くの壁画があります。壁画を通じてメキシコの歴史を国民に伝える目的がありました。

1 直説法現在規則動詞 -ar, -er, -ir Verbos regulares

スペイン語の動詞には、語尾の形式が３種類あり、これらの形式を「不定詞」という。

	habl-ar 話す		com-er 食べる		viv-ir 住む	
	単数	複数	単数	複数	単数	複数
１人称	hablo	hablamos	como	comemos	vivo	vivimos
２人称	hablas	habláis	comes	coméis	vives	vivís
３人称	habla	hablan	come	comen	vive	viven

trabajar 働く   **estudiar** 勉強する   **leer** 読む   **beber** 飲む   **escribir** 書く   **abrir** 開ける

Yo **estudio** español. Y tú, ¿qué **estudias**?

Marcos **vive** en Tokio. Y Ud., ¿dónde **vive**?

Nosotros **trabajamos** en Tokio. Y vosotros, ¿dónde **trabajáis**?

Ejercicio 1 直説法現在の活用表を完成させましょう。

hablar	trabajar	estudiar	leer	beber	abrir	escribir
	trabajo			bebo		
		estudias			abres	
habla			lee			escribe
	trabajamos			bebemos		
		estudiáis			abrís	
hablan			leen			escriben

Ejercicio 2 (　) の動詞を現在形に活用させて文を完成させましょう。

1. A: ¿Dónde (estudiar, tú) .... español?

   B: (Estudiar) .... en la universidad.

2. A: ¿Dónde (vivir) .... José y Beatriz?

   B: (Vivir) .... en Barcelona.

3. A: ¿Dónde (trabajar) .... usted?

   B: (Trabajar) .... en una oficina de turismo.

4. A: ¿Qué (leer, vosotros) .... ?

   B: (Leer) .... una revista.

5. A: ¿(Hablar, tú) .... inglés?

   B: Sí, (hablar) .... un poco.

6. A: ¿(Escribir) ustedes? .... mensajes en japonés o español?

   B: Yo (escribir) .... en español pero ella en japonés.

2 指示詞　Los demostrativos

	この	これらの	その	それらの	あの	あれらの
男性	este	estos	ese	esos	aquel	aquellos
女性	esta	estas	esa	esas	aquella	aquellas

1) 指示形容詞は名詞の前に置き、名詞の性・数に一致する。

　　Esta（この）casa es de Elena.　　**Aquel**（あの）estudiante es muy alto.

2) 指示代名詞は形容詞と同形。示唆している名詞と性・数が一致する。人を指すときにも用いられる。

　　Ese（それ）es el Estadio Olímpico.　　**Esta**（こちら）es Sara.

3) 中性指示代名詞 **esto, eso, aquello** は、物の名称を尋ねるときなどに用いる。

　　¿Qué es **esto**? −**Esto** es un libro.　　¿Qué es **aquello**? −**Aquello** es un banco.

Ejercicio 3 適切な指示詞を入れましょう。

1.（この）..................... estudiante es muy alto.

2.（その）..................... profesora es de Colombia.

3.（これらの）..................... libros son de Carlos.

4.（あの）..................... coche es de Jorge y（これ）..................... es de Luis.

5. A: Mira,（こちら）..................... es María.　B: Hola, mucho gusto.

6. A: ¿Qué es（あれ）..................... ?

　 B:（あの）..................... edificio alto es un hotel.

3 日付・曜日の表現　Dias de la semana y meses del año

1) Días de la semana 曜日

lunes	martes	miércoles	jueves	viernes	sábado	domingo

　（注）　曜日は男性名詞。土曜日・日曜日以外は単複同形。小文字で表記する。定冠詞 el を付け
　　　　ると「〜曜日に」となる。　　el lunes 月曜日に　　los lunes 毎週月曜日に

　　　　El domingo como con mis amigos.　　Los domingos practico tenis.

2) Meses del año 月

enero	febrero	marzo	abril	mayo	junio
julio	agosto	septiembre	octubre	noviembre	diciembre

（注）暦の月は男性名詞。小文字で表記する。前置詞 en を付けると「〜月に」となる。

A: Mi cumpleaños es **en mayo**.　¿Cuándo es tu cumpleaños?

B: Es **en diciembre**.

Un poco más 5

19

1. Practica las siguientes expresiones.　次の表現を覚えましょう。

> ¿Qué día es hoy?　今日は何曜日ですか？　　　　Hoy es jueves.
>
> ¿A cuántos estamos hoy?　今日は何日ですか？　　Estamos a 25 de mayo.
>
> ¿Cuándo es tu cumpleaños?　君の誕生日はいつですか？　Es el 3 de marzo.

Contesta a las preguntas.　質問に答えましょう。

1) ¿Qué día es hoy? −Hoy es (　　　　　　). 今日は火曜日です。

2) ¿Qué día es hoy? −Hoy es (　　　　　　). 今日は土曜日です。

3) ¿Cuándo practicas natación? −Practico (　　　) (　　　　). 毎週金曜日に習っています。

4) ¿A cuántos estamos hoy? −Estamos (　　) 9 (　) (　　　　). 今日は6月9日です。

5) ¿Cuándo es tu cumpleaños? −Es (　　　) 24 (　) (　　　). 12月24日です。

6) ¿Cuándo viaja Ud. a Perú? −Viajo (　　　) (　　　　). 8月に旅行します。

2. Contesta adecuadamente a las preguntas.　質問に答えましょう。

1) Inés cumple 15 años el 10 de septiembre.

   a) ¿Cuándo es el cumpleaños de Inés? ....

   b) ¿Cuántos años cumple Inés? ....

2) El domingo hay un concierto de piano en el teatro.

   a) ¿Cuándo es el concierto? ....

   b) ¿Dónde es el concierto de piano? ....

3) José y Marta trabajan en un restaurante los lunes, miércoles y viernes.

   a) ¿Dónde trabajan José y Marta? ....

   b) ¿Qué días trabajan? ....

4) Comemos en la cafetería de la universidad los martes y los jueves.

   a) ¿Dónde coméis? ....

   b) ¿Qué días coméis en la cafetería? ....

5) Inés vive en Madrid, Jorge y Yolanda en Venezuela.

   a) ¿Dónde vive Inés? ....

   b) ¿Dónde viven Jorge y Yolanda? ....

3. Practica con tu compañero.　クラスメートと会話をしましょう。

1) ¿Cuándo es tu cumpleaños? ....

2) ¿Qué día (de la semana) es hoy? ....

3) ¿A cuántos estamos hoy? ....

4) ¿Qué días estudias español? ....

20

Sara entra en una tienda de ropa.

Sara: Quiero una blusa y unos pantalones.

Dependienta: Sí, ¿de qué talla? Y ¿cuánto mide Ud.?

Sara: La talla M. Mido 162 centímetros.

Dependienta: Muy bien, ¿y de qué color los quiere?

Sara: La blusa blanca y los pantalones negros o cafés.

Dependienta: En seguida. Aquí están.

Sara: A ver... ¿Puedo probarme* los dos pantalones?

Dependienta: Cómo no.

Sara: Yo prefiero estos de color negro. También quiero esta blusa. Es muy elegante. ¿Cuánto cuestan?

Dependienta: La blusa 350 pesos y los pantalones 290.

Sara: Gracias. ¿Puedo pagar con tarjeta?

Dependienta: Sí, claro.

---

*¿Puedo probarme?: 試着してもいいですか？
茶色をスペインでは "marrón"（栗色）、メキシコでは "café"（コーヒー色）と言います。
メキシコの通貨はペソです。2020 年 9 月現在のレートは 1 ペソ 5 円位です。（変動為替）

1 語根母音変化動詞 不規則動詞（1） Verbos irregulares (1) con cambio vocálico

1) e → ie 型　　o → ue 型　　e → i 型

pensar 考える	poder できる	pedir 頼む、注文する
pienso	puedo	pido
piensas	puedes	pides
piensa	puede	pide
pensamos	podemos	pedimos
pensáis	podéis	pedís
piensan	pueden	piden

empezar 始める、始まる　　costar 値段(を表す)　　servir (食事などを)出す、役立つ

querer 欲する　　dormir 眠る　　repetir 繰り返す

entender 理解する　　recordar 思い出す　　medir 測る、身長がある

cerrar 閉める　　volver 戻る

preferir ～の方を好む　　contar 数える、語る

* u → ue 型　jugar 遊ぶ、スポーツやゲームなどをする

　juego, juegas, juega, jugamos, jugáis, juegan

* seguir 続ける、ついて行く　sigo, sigues, sigue, seguimos, seguís, siguen

Quiero una blusa blanca.　Dormimos temprano.　Ellos repiten la conjugación.

Juan cierra la puerta.　El coche cuesta caro.　Pedimos un café con leche.

Ejercicio 1 直説法現在の活用表を完成させましょう。

e → ie		o → ue		e → i	
empezar	querer	recordar	dormir	repetir	servir
	quiero			repito	
empiezas			duermes		sirves
		recuerda			
	queremos		dormimos		
empezáis		recordáis			servís
				repiten	

2) **querer + 不定詞：～したい**

　Quiero jugar al tenis el domingo.　Queremos comprar esos pantalones.

　poder + 不定詞：～できる、～してもいい

　Hoy no puedo volver a casa pronto.　¿Puedo pagar con tarjeta?

　pensar + 不定詞：～するつもり

　Pienso comprar una blusa blanca.　Pensamos viajar por Europa.

Ejercicio 2 （　）の動詞を直説法現在の適切な形に活用させましょう。

1. ¿ .... (querer) Ud. una taza de café?

2. ¿Dónde .... (jugar, tú) al baloncesto?

3. ¿Qué .... (preferir) Ud. café o té?

4. ¿Cuándo .... (empezar) las clases? −En abril.

5. ¿ .... (poder) vosotros volver pronto?

6. Ellos .... (pensar) viajar a Brasil el próximo año.

7. ¿Cuánto .... (costar) el libro? −1,000 yenes.

8. Yo no .... (entender) bien la lección. ¿Y tú?

9. Aquella cafetería .... (cerrar) temprano.

10. Los estudiantes .... (repetir) la pronunciación del profesor.

2 時刻の表現　La hora

¿Qué hora es?　何時ですか？

「... 時」は**女性定冠詞**（la, las）＋数字で表す。「ちょうど .....」は en punto を用いる。

　　　Es **la** una.　　Son **las** tres.　　Son **las** 12 en punto.

「.... 分過ぎ」は **y** ＋分：Es la una y cinco.　　Son las cuatro y diez.

「.... 分前」は **menos** ＋分：Son las cinco **menos** veinte.

「15 分」には **cuarto**、「30 分」には **media** を用いる。

　　　Son las seis y **cuarto**.　　Es la una y **media**.

「.... 時に」には、前置詞 **a** ＋時間を用いる。

　　　¿**A** qué hora empieza la clase?　　Empieza **a** las nueve.

Ejercicio 3 ser 動詞を使って時刻を表現しましょう。

1. 5:00 ....　　ちょうど5時です。

2. 1:15 ....　　1時15分です。

3. 3:50 ....　　4時10分前です。

4. 9:30 ....　　9時半です。

Ejercicio 4 質問に答えましょう。

| desayunar 朝食をとる　　comer 昼食をとる　　cenar 夕食をとる |

1. ¿A qué hora desayunas? ....

2. ¿A qué hora comes? ....

3. ¿A qué hora cenas? ....

4. ¿A qué hora empieza la clase de español? ....

5. ¿A qué hora vuelves a casa? ....

Un poco más 6

1. Números de 30 ～ 1,000　数詞　30 ～ 1,000

30	treinta	40	cuarenta	100	cien	500	quinientos
31	treinta y uno	50	cincuenta	110	ciento diez	600	seiscientos
32	treinta y dos	60	sesenta	120	ciento veinte	700	setecientos
.		70	setenta	200	doscientos	800	ochocientos
.		80	ochenta	300	trescientos	900	novecientos
39	treinta y nueve	90	noventa	400	cuatrocientos	1,000	mil

Escribe los numerales señalados.　数詞を入れましょう。

（注）uno は、名詞の前では un / una となる。un libro, una casa.

　　　200 から 900 までは、名詞の性・数にあわせる。doscientos pesos, trescientas casas.

1) Quiero (1) .... litro de leche.

2) En el jardín hay (200) .... flores.

3) Queremos comprar (750) .... dólares.

4) De mi casa a la universidad tardo (35) .... minutos en tren.

5) La entrada al museo cuesta (850) .... yenes.

6) El paquete de arroz pesa (500) .... gramos.

7) (1) .... año tiene (365) .... días.

2. Ropa　衣類

pantalones	blusa	falda	vestido	zapatos	gorra
$ 550 pesos	￥1000 yenes	$20 dólares	€ 390 euros	£ 48 libras	S/. 800 soles

Tallas サイズ：S (pequeña)　M (mediana)　L (grande)

Colores 色：rosa ピンク　　azul 青　　verde 緑　　negro/a 黒　　blanco/a 白

　　　　　　rojo/a 赤　　amarillo/a 黄色　　café / marrón 茶色

（注）色は名詞にも形容詞にもなる。物に例えた色 rosa（バラ）café（コーヒー）などは ~ de color
rosa（ピンク色）、café（茶色）と言いかえることがある。

Practica con tu compañero.　単語を入れかえて、以下の会話を練習しましょう。

A: Quiero unos pantalones.　　　B: ¿De qué color?

A: Negros.　　　　　　　　　　　B: ¿De qué talla?

A: La talla M　　　　　　　　　　B: Muy bien.

A: ¿Cuánto cuesta(n)?　　　　　B: 550 pesos.

Lección 7 Un fin de semana

Sara: ¿Qué haces este fin de semana?

Yolanda: El sábado tengo una fiesta en casa de mi prima. Es su cumpleaños.

Sara: ¿Cuántos años cumple tu prima?

Yolanda: Quince años. En México celebramos en especial los "quince años" de las jóvenes. La "quinceañera*" baila el vals con elegancia delante de todos. ¿Vienes con nosotros?

Sara: Gracias, sí quiero ir con Uds. Pero por la mañana salgo con mis amigos para jugar al tenis.

Yolanda: No hay problema. La fiesta es a las siete de la noche. Entonces pasamos por tu casa a eso de las seis y media. ¿Está bien?

Sara: ¡Muy bien! ¿La próxima semana vienes tú también con nosotros a jugar al tenis y a hacer un poco de ejercicio?

Yolanda: Estupendo. Muchas gracias.

*Quinceañera: 15歳を迎える女性
メキシコでは女性の15歳の誕生日を盛大に祝います。

1　1 人称単数が -go になる不規則動詞（2）

hacer する、作る	**poner** 置く、入れる	**salir** 出る、出かける
ha**go**	pon**go**	sal**go**
haces	pones	sales
hace	pone	sale
hacemos	ponemos	salimos
hacéis	ponéis	salís
hacen	ponen	salen

Hago la tarea en casa todos los días.　Ponemos los libros en el estante.

Salgo de casa a las ocho de la mañana.

■ hacer を用いる天候表現（3 人称単数形を使う）

1）天候を表す：Hace calor. 暑い。　Hace frío. 寒い。　Hace viento. 風がある。

　　　　　　　Hace sol. 日が照っている。　Hace buen tiempo. 天気が良い。

　　　　　　　Hace mal tiempo. 天気が悪い。

2）天候を表すその他の表現：**nevar** 雪が降る　En Hokkaido nieva en invierno.

　　　　　　　　　　　　　llover 雨が降る　Hoy llueve desde la mañana.

Ejercicio 1 （　　）の動詞を直説法現在の適切な形に活用させましょう。

1. A: ¿Qué tiempo .... (hacer) hoy?　　B: .... buen tiempo.

2. A: ¿Qué .... (hacer, tú) los domingos?　　B: .... (salir) con mis amigos.

3. A: ¿ .... (pones, tú) azúcar（砂糖）en el café?

　 B: No, pero .... (poner) un poco de crema.

4. A: ¿A qué hora (salir, tú) .... de casa para venir a la universidad?

　 B: .... a las siete de la mañana.

5. .... (llover) mucho en Japón en verano.

6. En mi país casi nunca .... (nevar).

2　1 人称単数が -go になり、語根母音変化動詞でもある不規則動詞（3）

tener 持つ	**venir** 来る	**decir** 言う
ten**go**	ven**go**	di**go**
ti**e**nes	vi**e**nes	dices
ti**e**ne	vi**e**ne	dice
tenemos	venimos	decimos
tenéis	venís	decís
ti**e**nen	vi**e**nen	dicen

¿**Tiene** Ud. coche? −No, yo no **tengo**.

Vengo a la universidad a pie.　　Los españoles **dicen** muchas bromas.

■ tener のさまざまな用法

1) 家族、友達等がいる：Tengo un hermano mayor.　　Tenemos amigos en Perú.

2) 授業がある、時間がある：Hoy tenemos clase de español.　　No tengo tiempo.

3) その他の表現：tener calor 暑い　　tener frío 寒い　　tener sueño 眠い

　　　tener prisa 急いでいる　　tener hambre お腹がすいている　　tener sed のどが渇いている

　　＊ Tengo calor. 私は暑い。[特定の主語]　　Hace calor hoy. 今日は暑い。[一般的]

4) tener que + 不定詞：〜しなければならない（*have to*）[特定の主語の義務]

　　　Tienes que comer muchas verduras.　君は野菜をたくさん食べなければならない。

Ejercicio 2 （　　）の動詞を直説法現在の適切な形に活用させましょう。

1. A: ¿(Tener, tú) .... hermanos?　B: Sí, ... dos hermanos

2. A: ¿(Tener, Ud.) .... calor?　B: Sí, ... mucho calor.

3. ¿(Venir, tú) .... a la universidad todos los días?

4. Emilio .... (decir) muchas mentiras, ¿no?

5. Nosotros .... (tener) que estudiar mucho.

3 **所有形容詞後置形**　Adjetivos posesivos

mío (-a, -os. -as)	私の	nuestro (-a, -os, -as)	私たちの
tuyo (-a, -os, -as)	君の	vuestro (-a, -os, -as)	君たちの
suyo (-a, -os. -as)	彼の、彼女の、あなたの	suyo (-a, -os. -as)	彼らの、彼女らの、あなた方の

1) 名詞の後ろに置かれ、名詞の性・数に一致する。

　　Mañana viene un amigo mío a Tokio.

2) ser の補語になる。

　　¿De quién es esta revista? この雑誌は誰のですか？　　Es mía. 私のです、僕のです。

　　（注）所有者ではなく所有する物・人に性・数一致する。

3) 定冠詞＋所有形容詞後置形：同じ名詞を繰り返さない。

　　Esta es mi casa. ¿Dónde está **la vuestra**?　これは僕の家です。君たちのはどこなの？

Ejercicio 3 例にならって文を書きかえましょう。

例）mi libro →　El libro es mío. その本は私のです。

1. tus zapatos →　Los zapatos .... その靴は君のです。

2. su sombrero（de ella）→　El sombrero .... その帽子は彼女のです。

3. mi casa →　La casa .... その家は僕のです。

4. nuestra maleta →　La maleta .... そのスーツケースは僕たちのです。

5. sus bolígrafos（de él）→　Los bolígrafos .... それらのボールペンは彼のです。

Un poco más 7

🔊
23

1. Frases adverbiales de tiempo　時を表す表現

ahora 今、現在	hoy 今日	mañana 明日
esta mañana 今朝	esta tarde 今日の午後	esta noche 今日の夜
esta semana 今週	este mes 今月	este año 今年
el fin de semana 週末	el fin de mes 月末	el fin de año 年末
por la mañana 午前中に	por la tarde 午後に	por la noche 夜に
~ de la mañana 午前~に	~ de la tarde 午後~に	~ de la noche 夜~に
la próxima semana 来週	el próximo mes 来月	el próximo año 来年
todo el día 一日中	todos los días 毎日	

(en) primavera 春（に）　(en) verano 夏（に）　(en) otoño　秋（に）　(en) invierno 冬（に）

Escribe en español.　スペイン語で書いてみましょう。

1) 今日は暑い＿＿＿＿＿＿＿＿＿＿＿＿　　2) 明日は雨が降る＿＿＿＿＿＿＿＿＿＿

3) 来週またね＿＿＿＿＿＿＿＿＿＿＿＿＿　　4) 午後の５時＿＿＿＿＿＿＿＿＿＿＿＿

5) 明日の朝＿＿＿＿＿＿＿＿＿＿＿＿＿＿　　6) 今週末は忙しい (yo)＿＿＿＿＿＿＿

7) 春はお天気がよい＿＿＿＿＿＿＿＿＿＿　　8) 毎日大学へ来る (tú)＿＿＿＿＿＿＿

9) 冬は雪が降る＿＿＿＿＿＿＿＿＿＿＿＿　　10) １日中勉強する (ella)＿＿＿＿＿＿

2. Deportes　スポーツの種類

el fútbol	el golf	la natación	el atletismo	el tenis de mesa	el tenis	el béisbol

Practica con tu compañero.　クラスメートと会話をしましょう。

1) A: ¿Qué haces los fines de semana?　　B: Practico natación, ¿y tú?

2) A: Juego al béisbol.　　B:¿Cuál es tu deporte favorito（お気に入りの）de los juegos olímpicos?

3) A: Es la natación. ¿Y el tuyo?　　B: El fútbol.

Mika quiere conocer las pirámides de México. Piensa viajar con Yolanda en las vacaciones de verano.

Mika: Dicen que hay muchas ruinas mayas en México. Quiero conocerlas.

Yolanda: En la Península de Yucatán están las ruinas de Chichén-Itzá. Forman parte del Patrimonio de la Humanidad. Es muy famosa la pirámide del Castillo. ¿Sabes que tiene 365 escalones en total?

Mika: ¡Qué interesante! Funciona como un calendario, ¿verdad? ¿Podemos subir?

Yolanda: No, no la podemos tocar ni subir desde 2005.

Mika: ¡Qué lástima!

Yolanda: Yucatán está lejos de la Ciudad de México. Tenemos que tomar un avión o viajar en autobús. ¿Cómo lo ves? ¿Vamos en las vacaciones?

チチェン・イッツァは1988年に世界遺産に登録されました。春分の日と秋分の日に羽のある大蛇の影がピラミッドの階段の端をつたって舞い降ります。種まきと収穫の時期を示しています。

1 1人称単数が不規則な動詞 (4)　Verbos irregulares (4) *saber, conocer, ver*

saber 知る、知っている	**conocer** 知る、知っている	**ver** 見る、見える、会う
sé	**conozco**	**veo**
sabes	conoces	ves
sabe	conoce	ve
sabemos	conocemos	vemos
sabéis	conocéis	veis
saben	conocen	ven

*1人称に注意！

1）saber と conocer

    saber: 知識・情報として知っている。

        Sé dónde está la península de Yucatán.

    conocer: 体験・交際などを通して知っている。（行ったことがある、面識がある。）

        No **conozco** las pirámides de México.

2）saber + 不定詞と poder + 不定詞

    saber + 不定詞：体得した技能として「〜できる」　Yo no **sé** conducir.

    poder + 不定詞：状況として可能かどうか「〜できる」

        Hoy no puedo nadar **porque** estoy resfriado.

3）ver と mirar

    ver: 漠然と見る・視覚として認識する。　**Vemos** las noticias por televisión.

    ver a ~: 〜に会う、〜を見かける。　**Veo** a menudo a María en el supermercado.

    mirar: 注意して見る、じっくり眺める。　Ella **mira** atentamente los dibujos de su hijo.

Ejercicio 1 　（　）の動詞を直説法現在の適切な形に活用させましょう。

1. A: ¿(Conocer, tú) .... Barcelona?

  B: Sí, ... muy bien esa ciudad.

2. A: ¿(Saber, vosotros) .... conducir?

  B: No, no .... conducir.　　* 中南米では manejar 運転する

3. A: ¿(Ver) Ud. .... el programa "El Mundo" por televisión?

  B: Sí, ... ese programa los domingos por la noche.

4. A: ¿(Saber) ellos .... dónde vive Carla?

  B: No, no ....

5. A: ¿(Ver, tú) .... a tus amigos en la universidad?

  B: Sí, los（彼らを）........................ todos los días.

6. Juan y Berta（mirar）........................ las fotografías de sus hijos.

2 **目的節（従属節）を導く接続詞**　que: *decir que, saber que, creer que*

Dicen **que** la fruta tiene mucha vitamina C.

¿Sabe Ud. **que** Rodrigo está enfermo?

Creo **que** Jorge no viene hoy.

Ejercicio 2　文を完成させましょう。

1. ホセはスペインを知らない（行ったことがない）と言っている。

　José dice que ....

2. そのテレビ番組は面白い（interesante）と思います。

　Creo que ....

3. ペルーの大統領（presidente）が日本へ来ることを君たちは知っているかい？

　¿Sabéis que .... ?

3 **直接目的格人称代名詞（〜を）**　Pronombres de objeto directo

単数		複数	
me	私を	nos	私たちを
te	君を	os	君たちを
lo	彼を、あなたを、それを	los	彼らを、あなた方を、それらを
la	彼女を、あなたを、それを	las	彼女らを、あなた方を、それらを

1) 活用した動詞の直前に置く。

　A: ¿**Me** esperas en la estación?　　　B: Sí, **te** espero en la salida.

　A: ¿Conoces a Teresa?　　　B: Sí, **la** conozco muy bien.

2) 直接目的語を代名詞に置き換えるときは名詞の性・数に一致する。3 人称 lo, la, los, las は「人」 も「物」も示す。直接目的語が特定の人の場合は 'a' を名詞の前に置く。

　A: ¿Buscas el libro de español?　　　B: Sí, es que no **lo** encuentro.

　A: ¿Conoce Ud. **a** Alberto?　　　B: No, no **lo** conozco.

　＊ Buscamos una enfermera.　　　Buscamos a la enfermera de la clínica.

　＊スペインでは直接目的語が男性を指すとき le, les を使うことがある。

　No le conozco (a él).　　Les invitamos a la fiesta (a ellos).

3) 不定詞の目的語になる場合は不定詞の語末につけるか、活用した動詞の前に置く。

　A: ¿Quieres probar el pastel de chocolate?

　B: Sí, **lo** quiero probar / quiero probar**lo**.

4) 'lo' は抽象的な内容も示す。「そのこと」

　A: ¿**Lo** entiende Ud.?　　　B: Sí, **lo** entiendo muy bien.

Un poco más 8

1. Escribe el pronombre adecuado.　（　）に適切な<u>直接目的語</u>の代名詞を入れましょう。

1）A: ¿Buscáis <u>al profesor Pérez</u>?　　　　　B: Sí, （　　） buscamos. ¿Dónde está?

2）A: ¿Dónde venden <u>esas verduras</u>?　Están muy frescas.

　　B: （　　） venden en el mercado cerca de mi casa.

3）A: ¿Dónde espera Ud. <u>el autobús</u>?　　B: （　　） espero ahí, en la esquina.

4）A: ¿Dónde esperas <u>a tus amigos</u>?　　B: （　　） espero en la cafetería.

5）A: ¿Cuándo tomas <u>esas medicinas</u>?　　B: （　　） tomo por la mañana.

6）A: Eduardo dice que <u>su novia es guapa</u>.　B: Sí, （　　） dice siempre.

2. Expresiones de frecuencia y familia　頻度の表現と家族

siempre いつも　todos los días 毎日 normalmente 普段 a menudo 度々　a veces 時々 casi nunca 滅多に　　nunca 全く〜ない	padre/madre 父・母　　abuelo/-a 祖父・祖母 tío/-a おじ・おば hermano/-a mayor 兄・姉 hermano/-a menor 弟・妹

Escribe en español. スペイン語で書いてみましょう。

1）兄は**毎日**ここで勉強をしています。 ....

2）父は**時々**あのワインを飲みます。 ....

3）妹は**ほとんど（滅多に）**本を読みません。 ....

4）祖父は**いつも**その公園を散歩します。 ....

5）私は**よく（度々）**そのテレビ番組を見ます。 ....

6）母は**普段**そのスーパーで買い物をします。 ....

7）おじはお酒を**全く**飲みません。 ....

8）私たちは**時々**祖母と食事をします。 ....

3. Lee el diálogo "Planes para las vacaciones" y responde a las preguntas.　P.30 ダイアローグ「Planes para las vacaciones」を読んで質問に答えましょう。

1）¿Con quién piensa viajar Mika? ....

2）¿Dónde están las ruinas de Chichén Itzá? ....

3）¿Por qué es famosa la pirámide del Castillo? ....

4）¿Podemos subir a las pirámides? ....

Lección 9 De compras en el mercado

Sara va de compras al mercado. En el mercado venden frutas y verduras muy frescas. Sara les piensa preparar unos tacos dorados[1] a sus amigos.

Verdulero: Buenos días. ¿Qué le damos?

Sara: Buenos días. Quiero un kilo de cebollas, dos kilos de tomates[2], medio kilo de lechugas y un kilo de aguacates, por favor.

Verdulero: Un kilo de cebollas, dos kilos de tomates. No le oigo bien. ¿Quiere repetir?

Sara: Claro. Un kilo de cebollas, dos kilos de tomates, medio kilo de lechugas y un kilo de aguacates, por favor.

Verdulero: Muy bien. Ahora mismo se los doy.

Sara: Voy a hacer unos tacos de pollo con queso fresco, crema natural, lechuga, tomate y aguacate.

Verdulero: Los tacos están acompañados de salsa de tomate con cebolla, chile y cilantro. Le faltan el chile y el cilantro[3].

Sara: Ah, sí. También los quiero.

Verdulero: ¡Los tacos van a quedar muy sabrosos !

---

1) Tacos dorados は油で揚げたタコスのことです。タコスの上に生クリーム、フレッシュチーズ、レタス、アボカド等をのせ、ピリ辛のトマトソースをかけます。
2) メキシコ原産であるトマトには、赤いトマトとグリーンのトマトがあります。メキシコでは jitomate と言います。
3) Cilantro は日本ではパクチーと言われています。メキシコ料理には欠かせない香辛料です。

1 その他の不規則動詞（5）　Verbos irregulars (5) *ir, oír, dar*

ir 行く	oír 聞く、聞こえる	dar 与える、あげる
voy	oigo	doy
vas	oyes	das
va	oye	da
vamos	oímos	damos
vais	oís	dais
van	oyen	dan

Voy a la playa este fin de semana.　**Oigo** la voz de un niño. María **da** clases de violín.

1) **ir a** ＋ 場所「～へ行く」

　　Voy a la universidad todos los días.　　Paco **va al** banco.

2) **ir a** ＋ 不定詞

　　a) 近い未来を表す「～をするつもり、～をする予定」

　　　　¿Qué **vas a** hacer durante las vacaciones de verano?

　　b)「～をしに行く」

　　　　Queremos **ir a** comprar un vestido nuevo para la fiesta.　＊ ir de compras 買い物に行く

3) **Vamos a** ＋（不定詞）勧誘「～しましょう」

　　Vamos a bailar.　　**Vamos a** comer paella.　＊「～へ行きましょう」は Vamos a ＋場所

　　¿**Vamos a** la cafetería?

4) **oír**「聞こえてくる」　**escuchar**「注意して聞く」

　　Oigo voces fuera de casa.　　**Escuchamos** al profesor con atención.

Ejercicio 1 （　　）の動詞を直説法現在の適切な形に活用させましょう。

1. Mi madre (ir) .... de compras todos los días.

2. A: ¿Qué (ir, vosotros) .... a hacer este verano?

　B: Carlos .... a viajar por Europa, pero yo .... a trabajar.

3. A: ¿Me (oír, tú) .... ?　　B: Perdón, no te (oír) .... bien.

4. Mis abuelos (dar) .... muchos regalos a sus nietos.

5. A: ¿Pedro y Ud. (dar) .... clases de guitarra?

　B: Yo (dar) .... clases de guitarra en una academia, pero Pedro no.

6. A: ¿(Ir, nosotros) .... a la playa?　　B: Sí, ...

2 間接目的格人称代名詞（～に） Pronombres de objeto indirecto

	単数	複数
1 人称	me 私に	nos 私たちに
2 人称	te 君に	os 君たちに
3 人称	le 彼・彼女・あなたに le + lo / la → se lo / la le + los / las → se los / las	les 彼ら・彼女ら・あなた方に les + lo / la → se lo / la les + los / las → se los / las

1）活用した動詞の直前に置く。

　　¿**Me** compras esos chocolates?

2）不定詞の目的語になる場合は不定詞の語末につけるか、活用した動詞の前に置く。

　　¿**Me** puedes enseñar a bailar? / ¿Puedes enseñar**me** a bailar?

3）間接目的語と直接目的語の2つの代名詞が並ぶ場合、「間接＋直接」の順序にする。

　　A: ¿**Me** das tu teléfono?　　B: Sí, **te lo** doy después.

4）間接目的語＋直接目的語の代名詞が共に3人称の場合：le/les → se （注！）

　　A: ¿**Le** vas a dar esas flores a tu madre? / ¿Vas a dar**le** esas flores a tu madre?

　　B: Sí, **se las** voy a dar el día de las madres. / Sí, voy a dár**selas** el día de las madres.

Ejercicio 2　[　]に直接目的格人称代名詞、または間接目的格人称代名詞を入れましょう。

1. A: ¿[　　　　　私に] trae un vaso de agua, por favor?

　　B: Sí, en seguida [　　　] [　　　] traigo.

2. A: ¿[　　　　　私たちに] das la receta del pastel de chocolate?

　　B: [　　　] [　　　] doy mañana.

3. A: ¿[　　　　　私に] vas a hacer un pastel en mi cumpleaños?

　　B: No, [　　　] [　　　] pienso comprar, estoy muy ocupada.

4. A: [　　　] envías este paquete a los clientes, ¿por favor?

　　B: Sí. En seguida [　　　] [　　　] envío.

5. A: ¿[　　　　　君たちに] enseño mis fotos?

　　B: Sí, [　　　] [　　　] enseñas, por favor.

6. A: ¿[　　　　　あなた方に] traigo el menú?

　　B: Sí, [　　　] [　　　] trae, por favor.

7. A: ¿[　　　　　私に] dices tu secreto?

　　B: No, no [　　] [　　　] voy a contar a nadie.

Un poco más 9

27

1. Alimentos y bebidas　食べ物と飲み物

fruta（果物）	la manzana, la naranja, el plátano, el melón, la sandía
verdura（野菜）	la papa* / patata, la cebolla, la zanahoria, el tomate, la lechuga
carne（肉）	～ de pollo,　～ de ternera,　～ de cerdo
varios（その他）	el arroz, la sopa, la ensalada, la hamburguesa, el huevo
bebida（飲物）	el agua, el café, la leche, la cerveza, el refresco

* アンデス原産のジャガイモは、中南米では "papa(s)" と言う。

Relaciona.　スペイン語の意味に当てはまる記号を（　）に記入しましょう。

1) manzana （　　） a. 卵　　　　　　10) cerdo 　　（　　） j. ニンジン

2) cebolla （　　） b. ジャガイモ　　11) hamburguesa （　　） k. スープ

3) arroz 　（　　） c. 水　　　　　　12) cerveza 　（　　） l. サラダ

4) pollo 　（　　） d. リンゴ　　　　13) tomate 　（　　） m. ポーク

5) agua 　（　　） e. チキン　　　　14) sopa 　　（　　） n. スイカ

6) plátano （　　） f. バナナ　　　　15) zanahoria （　　） o. トマト

7) huevo 　（　　） g. オレンジ　　　16) leche 　（　　） p. ハンバーグ

8) papa 　（　　） h. タマネギ　　　17) sandía 　（　　） q. ビール

9) naranja （　　） i. 米　　　　　　18) ensalada （　　） r. 牛乳

2. Practica con tu compañero.　会話を練習しましょう。

1) A: Me da un kilo de papas / arroz / pollo, etc.　B: Aquí lo tiene.

　　A: También quiero un litro de leche.　　　　　B: En seguida, joven.

2) A: ¿Qué fruta me recomienda para hoy?　　　　B: El melón y la sandía están muy buenos.

　　A: Entonces los llevo.　　　　　　　　　　　B: Son 60 pesos.

3. Completa con los verbos *ir* y *venir*. Los paréntesis con el medio de transporte. 動詞 ir また
は venir を直説法現在の適切な形に活用させて ...... へ、移動手段を（　）に入れて文を完成させましょ
う。　移動手段：en coche,　en autobús,　en avión,　en tren,　en barco,　a pie

1) Juan .... （　　）（　　　　） a la universidad.　フアンは電車で大学へ来ます。

2) Yo .... a Madrid （　　）（　　　　）.　私は飛行機でマドリードへ行きます。

3) ¿Vosotros .... a la escuela （　　）（　　　　）?　君たちはバスで学校へ来ますか？

4) Mi padre .... a viajar （　　）（　　　　） hasta Hokkaido.　父は車で北海道へ行きます。

5) Nosotros pensamos .... al museo （　　）（　　　　）.

　　私たちは歩いて博物館へ行くつもりだ。

6) Los turistas tienen que .... （　　）（　　　　） a las islas Galápagos.

　　観光客は船でガラパゴス諸島に行かなければならない。

Lección 10 En el zoológico

Sara y Jorge están en el zoológico.

Sara: ¡Mira ese elefante! ¡Es enorme!

Jorge: Sí, es muy grande. Me encantan los elefantes.

Sara: El oso panda es muy bonito, ¿no?

Jorge: Sí, son muy graciosos[1]. Parecen muñecos de peluche[2].

¿Sabes que en este zoológico nacen y crecen muchos pandas?

Sara: Sí, lo sé. ¿Es cierto que van a devolver algunos a China?

Jorge: Es verdad. Hay un acuerdo entre México y China.

Sara: ¡Qué lástima! ¿Qué te parece si vamos después al acuario también? A mí me gustan mucho los delfines. Dicen que son muy inteligentes.

Jorge: ¡Vamos! A mí también me encantan los delfines. Parece que hoy presentan un espectáculo por la noche.

---

1) ser gracioso: かわいらしい
2) muñecos de peluche: ぬいぐるみ

1 **gustar 型動詞** Verbo *gustar*

1) 日本語の「A は B が好きだ」という表現には gustar を使う。構文上は〈間接目的格人称代名詞（A）＋ gustar ＋主語（B）〉の語順になり、直訳は「B は A に好まれる」。つまり文法上の主語は（B）なので、gustar の活用には注意が必要。

Me gusta la música.　音楽は私に好かれる → 私は音楽が好きだ。

¿Te gusta cantar?　歌うことが君に好かれる → 君は歌うのが好き？

No, no me gusta mucho.　いや、あまり好きではないよ。

間接目的語	間接目的格人称代名詞 （A に）	gustar （好まれる）	主語となる名詞 （B は）
(a mí)	**me**		
(a ti)	**te**	**gusta**	el fútbol
(a él / ella / usted)	**le**		cantar
(a nosotros / -as)	**nos**	**gustan**	los gatos
(a vosotros / -as)	**os**		
(a ellos / ellas / ustedes)	**les**		

A mí me gustan los gatos, pero no me gustan los perros.

¿Os gusta el deporte? Sí, nos gusta mucho.

A mi madre le gusta salir de compras.

Ejercicio 1 （　）には適切な間接目的格人称代名詞を、〔　〕には gustar 動詞を活用させましょう。

1. A: ¿A ti (　　　) 〔　　　　　〕 ver películas?

　 B: Sí, (　　　) 〔　　　　　〕 las películas románticas.

2. A: A nosotros (　　　) 〔　　　　　〕 los animales. ¿Y a vosotros?

　 B: A mí (　　　) 〔　　　　　〕 los animales pero a ella no.

3. A: ¿ (　　　) 〔　　　　　〕 a tus padres viajar?

　 B: Sí, (　　　) 〔　　　　　〕 viajar al extranjero.

4. A mis hijos (　　　) 〔　　　　　〕 mucho jugar al aire libre.

5. A Diana y a ti no (　　　) 〔　　　　　〕 los toros, ¿verdad?

6. A Luis y a mí (　　　) 〔　　　　　〕 bailar y cantar.

7. A Ud. (　　　) va a 〔　　　　　〕 esa película.

2) 同様の構文をとる動詞

　　encantar 魅了する、大好き　　　Me encantan los *comics*.

　　interesar 興味を引く　　　　　　Nos interesa mucho ese libro.

　　doler 痛む　　　　　　　　　　　Me duele la cabeza.

　　pasar 何かが起こる　　　　　　　¿Qué te pasa? どうしたの？

Ejercicio 2 （ ）の動詞を直説法現在の適切な形に活用させましょう。

1. A: ¿Te .... (interesar) las pirámides?　B: Sí, me .... (encantar)
2. A: ¿Qué le .... (pasar) a Marta?　B: Le .... (doler) la cabeza.
3. A: ¿Os .... (gustar) leer *comics*?　B: Sí, nos .... (encantar).
4. A mi padre le .... (encantar) jugar al fútbol.

2 前置詞格人称代名詞　Pronombres posposicionales　　1人称と2人称に注意！

　　1) 1人称 **mí** (**a mí, para mí, en mí, sin mí**, etc)

　　　　¿Este regalo es **para mí**?　**A mí** me gusta ir al cine pero **a María** no.

　　2) 2人称 **ti** (**a ti, para ti, en ti, sin ti**, etc.)

　　　　Jorge piensa **en ti**.　¿**A ti** te interesa aprender a cocinar?

　　3) その他の人称は、主語人称代名詞と同じ (**a él, para ella, en nosotros**, etc.)

　　　　A ella le gusta la verdura, pero **a él** no. Este regalo es **para nosotros**.

　　　　例外：**conmigo**「私と一緒に」**contigo**「君と一緒に」

　　　　その他の人称 (**con** él, **con** ella, **con** nosotros, etc.)

　　　　Quiero estudiar **contigo**.　Vamos a viajar **con ellos**, Juan y María.

Ejercicio 3 日本語の意味に合うように、（ ）に適切な語句を入れましょう。

1. Estos chocolates son （　　　）（　　　）.
　　これらのチョコレートは<u>あなた用</u>です。
2. ¿Puedo ir a la fiesta （　　　）?　<u>君と</u>パーティーへ行ってもいいですか？
3. Luis piensa （　　　）（　　　）.　ルイスは<u>彼女のこと</u>を考えています。
4. （　　）（　　）me gusta el teatro pero （　　）（　　）no.
　　<u>私は</u>演劇が好きですが<u>彼女</u>は好きではありません。

3 不定語・否定語　Pronombres indefinidos

代名詞	形容詞
algo 何か ⇔ nada 何も	algún, alguna, algunos, algunas
alguien 誰か ⇔ nadie 誰も	何らかの / いくつかの / 何人かの
alguno / -a / -os / -as 〜のどれか / 〜の誰か	ningún, ninguna ひとつも〜ない
ninguno / -a 〜のどれも / 〜の誰も	

(注1) alguno、ninguno は名詞の性・数に一致する。ninguno に複数形はない。
(注2) 形容詞 alguno、ninguno は男性単数名詞の前で algún、ningún になる。

A: ¿Oyes **algo**?　　　　　　　　　B: No, no oigo **nada**.

A: ¿Hay **alguien** en casa?　　　　　B: No, no hay **nadie**.

A: ¿Tienes **algún** animal en casa?　B: No, no tengo **ninguno**.

A: ¿**Alguno** de ellos sabe hablar ruso?　B: No, **ninguno** de ellos sabe ruso.

Un poco más 10

1. Completa. (   ) に不定語または否定語を入れましょう。

1) A: ¿Quieres comer (   )?　君、何か食べたい？

   B: No, no quiero comer (   ).　いや、何も食べたくないよ。

2) A: ¿Esperas a (   )?　君、誰か待っているの？

   B: No, no espero a (   ).　いや、誰も待ってないよ。

3) A: ¿Hay (   ) cafetería por aquí?　この辺に何かカフェテリアはありますか？

   B: No, no hay (   ).　いや、一軒も（何も）ありません。

4) A: ¿Te gusta (   ) de estos cantantes?　君はこれらの歌手で誰か好き？

   B: No, no me gusta (   ).　いや、誰も好きではないよ。

5) A: ¿Tienes (   ) camisas de color?　君はカラーのシャツを何枚か持っている？

   B: Sí, tengo (   ).　うん、いくつか持っているよ。

6) A: ¿Hay (   ) problema?　何か問題はありますか？

   B: No, no hay (   ) problema.　いいえ、何も問題はありません。

2. Los animales　動物

> el perro 犬　　el gato 猫　　el elefante 象　　el león ライオン　　la jirafa キリン
>
> el tigre トラ　　el conejo ウサギ　　el oso panda パンダ　　el delfín イルカ

Pregunta a tu compañero. クラスメートに聞いてみましょう。

1) ¿Qué animales te gustan?

   −Me gustan ....

2) ¿Tienes algún animal en casa?

   ....

3) ¿Qué prefieres, los gatos o los perros / los tigres o los leones / los osos panda o los

   delfines / las jirafas o los elefantes?

   ....

3. Escribe en español.　スペイン語で書いてみましょう。

1) 私は猫が大好きです。 ....

2) アナは頭が痛いと言っています。 ....

3) 父はトラが好きですが、母はライオンが好きです。

   ....

4) そこに誰かいますか？ ....

5) 家には誰もいません。 ....

Lección 11 Las lenguas del mundo

29

Se dice que en el mundo existen unas cinco mil lenguas. Las principales lenguas son el chino, inglés, español, francés, entre otras. En Latinoamérica, además del español, se hablan unas dos mil lenguas.

Mika: ¿Sabes cuántas lenguas hay en México?

Jorge: Se dice que hay como sesenta.

Mika: ¿De verdad? ¿Quiénes hablan tantas lenguas?

Jorge: Aún hoy en día* existen muchos grupos indígenas. Algunos hablan el maya, el náhuatl y varias otras lenguas. La mayoría habla también el español, son bilingües.

Mika: Entonces, pueden entender el español, ¿verdad?

Jorge: La mayoría sí. Además, suelen vestirse con su ropa tradicional. Los podemos reconocer por su traje y peinados típicos.

Mika: ¡Qué interesante!

*aún hoy en día: 現在も

メキシコでは現在60ぐらいの言語が話されていると言われています。言葉は文化遺産です。現在もナウアトル語（アステカ民族が話していた言語）やマヤ語（マヤ民族の言語）等は日常的に彼らの間では使用されていますが、消滅に瀕している言語も多数あります。伝統的な衣装やお祭りは今日もよく知られています。

1 再帰動詞　Verbos reflexivos

主語と目的格人称代名詞が同一の「人」や「物」を表す動詞を再帰動詞と呼ぶ。代名詞 *se* は再帰代名詞という。辞書では、levantarse, lavarse のように、〜 **se** のついた形で示される。

	levantar**se** 起きる		lavar**se** 〜を洗う	
yo	**me**	levanto	**me**	lavo
tú	**te**	levantas	**te**	lavas
él / Ud.	**se**	levanta	**se**	lava
nosotros	**nos**	levantamos	**nos**	lavamos
vosotros	**os**	levantáis	**os**	laváis
ellos/ Uds.	**se**	levantan	**se**	lavan

1) 直接再帰「…自身を」を表す。

> levantarse 起きる　　acostarse 横になる、寝る　　bañarse 入浴する
>
> llamarse …という名である　　sentarse 座る　　vestirse 着替える、着る
>
> ducharse シャワーを浴びる　　mirarse 自分の姿(顔)を見る　　afeitarse ひげをそる

Yo **me** acuesto tarde los domingos.

No podéis sentar**os** en esta silla. No **os** podéis sentar en esta silla.

¿Cómo **te** llamas?　**Me** llamo Carmen.

¿Cuándo **te bañas**, después de **levantarte** o antes de **acostarte**?

2) 間接再帰「…自身に」「…自身に対して」。

> lavarse las manos 手を洗う　　cortarse el pelo 髪を切る
>
> ponerse la chaqueta ジャケットを着る　　quitarse los zapatos 靴を脱ぐ

Nosotros **nos quitamos** los zapatos antes de entrar a casa.

En verano, **me pongo** el sombrero antes de salir.

Niños, hay que **lavarse** bien las manos.　Sí, **me las voy a lavar** muy bien.

Ejercicio 1 直説法現在の活用表を完成させましょう。

acostarse 寝る	bañarse 入浴する	quitarse 〜を脱ぐ	ponerse 〜を着る
			me pongo
te acuestas			
	se baña		
		os quitáis	

再帰動詞の間違いを訂正して全文を書きましょう。

1. José me acuesto temprano. ....

2. Nosotros no os quitáis los zapatos. ....

3. Yo se bañas por la noche. ....

4. Ellos les lavamos las manos. ....

5. ¿A qué hora se acuesta (tú) todos los días? ....

6. Ud. le pones la corbata. ....

7. ¿A qué hora nos levantan María? ....

2 se 動詞　その他の用法　Usos de verbos con *se*

1）相互再帰：「お互いにする」という意味を表す。主語は複数。

> ayudarse 助け合う　　conocerse 知り合う　　verse 会う　　escribirse 文通する

Nos vemos después.　Carlos y Sara no se conocen.

2）強意・転移：　再帰代名詞をつけることで動詞の意味が変化する。

> ir 行く / irse 帰る、行ってしまう　　comer 食べる / comerse 平らげる
> morir 死ぬ / morirse 死にそう、死んでしまう　　dormir 眠る /dormirse 眠り込む

¿Ya te vas? −Sí, ya me voy.

¿Juanito, puedes comerte todo el pastel? −Sí, mamá, me lo voy a comer todo.

3）受け身の se：主語は事物に限定される。〈se ＋ 3 人称（単数・複数）〉

Se venden libros usados.　Se hablan cuatro lenguas en España.

4）無人称の se：主語が特定されない表現。〈se ＋ 3 人称）（単数）〉一般に「〜する」、「〜である」。

¿Cómo se dice「さようなら」en español? −Se dice "adiós"

¿Por dónde se va a la estación? −Se va recto por esa calle.

質問に対する答えの文を作りましょう。

1. ¿A qué hora te levantas por la mañana? ....

2. ¿A qué hora te acuestas los viernes por la noche? ....

3. ¿Ya te vas? −Sí, ...

4. ¿Cómo se llama tu profesor(a) de español? ....

5. ¿Cómo se dice「来週またね」en español? ....

6. Sara, ¿nos vemos el domingo para ir al cine?

　　−Vale, ...

44

Un poco más 11

1. Completa con la forma adecuada del verbo en indicativo. （　）の動詞を直説法現在の適切な
   形に活用させましょう。

   1）A: ¿A qué hora（levantarse, tú）_____?

   　　B: Normalmente _____ a las siete.

   2）Los niños（lavarse）_____ las manos antes de comer.

   3）Hoy no voy a（ponerse）_____ el abrigo.

   4）Quiero comer algo.（morirse）_____ de hambre.

   5）A Mario no le gusta la música clásica.（dormirse）_____ en el concierto.

   6）Los japoneses（quitarse）_____ los zapatos antes de entrar a casa.

   7）A: ¿Cómo（llamarse）_____ usted?　B: _____ Sara.

   8）A: ¿Ya（irse, tú）_____ a casa?　B: Sí, ya _____.

   9）A:¿Cómo（irse）_____ al zoológico?

   　　B: _____ en monorriel hasta la estación Tama-dobutsukoen.

   10）A: ¿Ud. y los vecinos（ayudarse）_____?　B: Sí, _____ mucho.

2. Cuánto, cuánta, cuántos, cuántas　「いくつの、何人の」は名詞の性・数に一致する。

   値段を尋ねるときは、副詞　cuánto + 動詞（costar / valer / ser）を用いる。

   クラスメートと会話をしましょう。

   A: Yo tengo dos hermanos.　¿Cuántos hermanos tienes tú?

   B: Tengo _____

   A: ¿Cuánto cuesta el kilo de naranjas / manzanas / etc.?

   B: Cuesta _____

   A: ¿Cuánto vale este par de zapatos?

   B: Vale _____

   A: ¿Cuántas lenguas se hablan en México?

   B: Se hablan _____

   A: ¿Cuánto tiempo se tarda de tu casa a la estación?

   B: Se tarda _____

3. Números de 1,000 ～ 1,000,000　数詞 1,000 ～ 1,000,000

1,000	mil	10,000	diez mil	100,000	cien mil
2,000	dos mil	20,000	veinte mil	200,000	doscientos mil
3,000	tres mil	30,000	treinta mil	300,000	trescientos mil
4,000	cuatro mil	40,000	cuarenta mil	400,000	cuatrocientos mil
-		-		-	
9,000	nueve mil	90,000	noventa mil	1,000,000	un millón

30

Lección 12 Mis mascotas

Sara: Yo tengo tres gatos en casa. "Noni" es un macho[1] y es el mayor de todos. Tiene cinco años. La hembra[2] se llama "Mimi" y tiene cuatro años. El menor se llama "Chobi". Tiene tres años, come mucho y es el más grande de los tres. Los quiero mucho.

Yolanda: Yo tengo dos perras. La mayor se llama "Violín" y la menor "Piano". Los gatos maúllan[3] y los perros ladran[4]. ¿No les molestan a tus vecinos?

Sara: Afortunadamente no tengo problemas. ¿Y tú?

Yolanda: Yo tampoco. Violín es tan tranquila como Piano. Las dos son muy obedientes.

Sara: ¡Qué bien! Vamos a casa porque nos esperan nuestras mascotas.

'Ver. 'Canela"

---

1) macho: オス　2) hembra: メス
3) maullar: 猫の鳴く声　4) ladrar: 犬の吠える声

1 比較級　Los comparativos

1）形容詞と副詞の比較級

優等比較	más	＋	形容詞・副詞	＋	que
劣等比較	menos	＋	形容詞・副詞	＋	que
同等比較	tan	＋	形容詞・副詞	＋	como

形容詞：Jorge es **más** alto **que** Mario.

María es **menos** alta **que** Ana.

Ellos son **tan** altos **como** vosotros.

副詞：Yo me levanto **más** temprano **que** José.

Nosotros nos levantamos **menos** temprano **que** ellos.

Tomás se levanta **tan** temprano **como** Miguel.

2）形容詞と副詞の不規則形

形容詞		副詞	
原級	比較級	原級	比較級
mucho* →	más	mucho →	más
poco →	menos	poco →	menos
bueno →	mejor	bien →	mejor
malo →	peor	mal →	peor
grande** →	mayor		
pequeño** →	menor		

（注）形容詞の比較級 mejor(es), peor(es), mayor(es), menor(es) には複数形がある。

* 形容詞：José tiene **mucho**s libros → José tiene **más** libros **que** Carlos.

José tiene **tantos** libros **como** Carlos.

（注）mucho の同等比較は **tanto /-a/-os/-as** になる。

副詞：José trabaja **mucho** → José trabaja **más que** Carlos.

José trabaja **tanto** como Carlos.

形容詞：José trabaja **pocas** horas → José trabaja **menos** horas que Carlos.

副詞：Ellos comen **poco** → Ellos comen **menos** que nosotros.

形容詞：Este diccionario es **bueno** → Este diccionario es **mejor que** aquel.

副詞：Carmen canta **bien** → Carmen canta **mejor que** Antonio.

** grande / pequeño （年齢や数）の意味が含まれる場合は **mayor / menor**

Roberto es **mayor** （年上）que Raúl.　Raúl es **menor** （年下）que Roberto.

La superficie de México es cinco veces **mayor** que la de Japón.

物理的な物の（大・小）は規則的な比較形を用いる。

Esta casa es **más** grande **que** aquella.

（　）の語句を使って、比較級の文を作りましょう。

1. El mango es caro. (manzana) .... （優等比較）
2. Esta universidad es grande. (aquella) .... （優等比較）
3. Este diccionario es bueno. (aquel) .... （優等比較）
4. Jorge trabaja mucho. (Tomás) .... （優等比較）
5. Carlos es alto. (Juan) .... （劣等比較）
6. Yo me acuesto tarde. (tú) .... （劣等比較）
7. Ellos estudian poco. (nosotros) .... （劣等比較）
8. Sara es guapa. (Elena) .... （同等比較）
9. Alicia tiene muchos discos. (yo) .... （同等比較）

2 最上級　El superlativo

形容詞の最上級表現。

> 定冠詞（＋名詞）＋ más ＋形容詞（＋ de）

Este libro es el más interesante de todos.

Madrid es la ciudad más grande de España.

Ejercicio 2 （　）の語句を使って、最上級の文を作りましょう。

例）Ese hotel es bueno（de la ciudad）→ Ese hotel es el mejor de la ciudad.

1. Mario es alto（de la clase）...
2. Esta camisa es fina（de todas）...
3. Ese restaurante es bueno（de aquí）..
4. Esta cafetería es grande（de la ciudad）..

3 絶対最上級　El superlativo seguido de *-ísimo* intensificador

形容詞や副詞の語尾に -ísimo をつけて、その意味を強める。「とても / 非常に」

形容詞は名詞の性・数に一致する。-ísimo, -ísima, -ísimos, -ísimas

1) 母音で終わる形容詞や副詞は、その母音を取って -ísimo をつける。

   mucho → muchísimo alto → altísimo bueno → buenísimo

2) 子音で終わる形容詞は語尾にそのまま -ísimo をつける。

   fácil → facilísimo difícil → dificilísimo

3) その他の注意が必要なもの。

   rico → riquísimo amable → amabilísimo

   largo → larguísimo

Un poco más 12

1. Añade el sufijo -*ísimo, -a, -os, -as* a los adjetivos; -*ísimo* a los adverbios.

   形容詞は「-ísimo, -a, -os, -as」に、副詞は「-ísimo」に書きかえましょう。

   1) (Muchas) gracias _____

   2) (Querida) amiga _____

   3) Este bolso es (caro) _____

   4) La situación está (difícil) _____

   5) Ella come (poco) _____

2. Lee con cuidado el diálogo "Mis mascotas" y responde a las preguntas.

   P.46 ダイアローグ「Mis mascotas」を読んで次の質問に答えましょう。

   1) ¿Cómo se llama el gato mayor de Sara?

   ....

   2) ¿Cuántos años tiene Mimi?

   ....

   3) ¿Es Noni más grande que Chobi?

   ....

   4) ¿Por qué Chobi es tan grande?

   Porque _____

   5) ¿Cómo se llaman las perras de Yolanda?

   ....

   6) ¿Qué hacen los gatos? ¿Qué hacen los perros?

   ....

   7) ¿Cómo son las perras de Yolanda?

   ....

   8) ¿Qué te gustan más a ti, los gatos o los perros?

   ....

Lección 13 Charlando con Paco, un estudiante español

32

Sara: ¿Cuál es la universidad más antigua de España?

Paco: Es la Universidad de Salamanca (USAL)*. Se fundó en el siglo XIII, en 1218.

Sara: ¡Nació antes que los Reyes Católicos y que el encuentro de dos mundos en 1492 !

Paco: Así es. Muchos sabios famosos enseñaron allí. Uno de ellos fue fray Bartolomé de las Casas. Él fue un gran defensor de los derechos indígenas en América. No sólo defendió a los indios, sino también protegió su cultura y su tierra.

Sara: Me dijeron que hay un Centro Cultural Hispano Japonés en la Universidad.

Paco: Sí, así es. Fue el primer centro de estudios japoneses en España. ¿Sabes que los exemperadores Akihito y Michiko visitaron la USAL dos veces?

Sara: Claro que sí. Y el actual emperador Naruhito también la visitó de príncipe heredero.

---

*la Universidad de Salamanca (USAL)：サラマンカ大学（USAL）。スペインで最も古い大学。この大学の名誉教授 Antonio de Nebrija は初の「スペイン語（カスティーリャ語）の文法」を手掛けました。

1 直説法点過去規則活用　Pretérito indefinido de indicativo

過去において終了、完結した行為を表す。

1）規則的に活用する動詞

hablar	comer	vivir
habl**é**	com**í**	viv**í**
habl**aste**	com**iste**	viv**iste**
habl**ó**	com**ió**	viv**ió**
habl**amos**	com**imos**	viv**imos**
habl**asteis**	com**isteis**	viv**isteis**
habl**aron**	com**ieron**	viv**ieron**

Ayer（昨日）hablé por teléfono con mi novio.

La semana pasada（先週）comimos paella en aquel restaurante.

a）1人称単数の綴りに注意が必要な動詞。

buscar 探す → bus**qué**　　llegar 到着する → lle**gué**　　empezar 始める / 始まる → emp**ecé**

b）3人称（単数・複数）の綴りとアクセントに注意が必要な活用。（-er, -ir 動詞）

leer 読む → le**í**, le**íste**, le**yó**, le**ímos**, le**ísteis**, le**yeron**

oír 聞く、聞こえる → o**í**, o**íste**, o**yó**, o**ímos**, o**ísteis**, o**yeron**

Ejercicio 1 直説法点過去の活用表を完成させましょう。

cantar	beber	leer	buscar	llegar	empezar
					empecé
cantaste					
	bebió				
		leímos			
			buscasteis		
				llegaron	

2 過去を表す時の表現　Expresiones de tiempo

ayer 昨日　　anoche 昨夜　　el lunes pasado 先週の月曜日

la semana pasada 先週　　el mes pasado 先月　　el año pasado 去年

Ejercicio 2 スペイン語で書きましょう。

1. 昨日、私は図書館で勉強をしました。..

2. 先週、私たちはメキシコ料理を食べました。...

3. 先週の土曜日、君はカラオケ（*karaoke*）で歌いましたか？...

3 直説法点過去不規則活用　Conjugación irregular

1) 現在形で e → ie に，-e → i に，o → ue になる -ir 動詞。3人称に注意！ e → i, o → u

sentir: sentí, sentiste, <u>sintió</u>, sentimos, sentisteis, <u>sintieron</u>

dormir: dormí, dormiste, <u>durmió</u>, dormimos, dormisteis, <u>durmieron</u>

pedir: pedí, pediste, <u>pidió</u>, pedimos, pedisteis, <u>pidieron</u>

2) 特殊な語根を持つ動詞。注意！語根に -u が現れる。

tener: tuve, tuviste, tuvo, tuvimos, tuvisteis, tuvieron

estar: estuve, estuviste, estuvo, estuvimos, estuvisteis, estuvieron

poder: pude, pudiste, pudo, pudimos, pudisteis, pudieron

poner: puse, pusiste, puso, pusimos, pusisteis, pusieron

saber: supe, supiste, supo, supimos supisteis, supieron

3) 語根に -i が現れる動詞。

querer: quise, quisiste, quiso, quisimos, quisisteis, quisieron

hacer: hice, hiciste, hizo, hicimos, hicisteis, hicieron

venir: vine, viniste, vino, vinimos, vinisteis, vinieron

4) 語根に -j が現れる動詞。

decir: dije, dijiste, dijo, dijimos, dijisteis, dijeron

traer: traje, trajiste, trajo, trajimos, trajisteis, trajeron

traducir: traduje, tradujiste, tradujo, tradujimos, tradujisteis, tradujeron

5) その他の不規則動詞。

ir: fui, fuiste, fue, fuimos, fuisteis, fueron

ser: fui, fuiste, fue, fuimos, fuisteis, fueron

dar: di, diste, dio, dimos, disteis, dieron

Ejercicio 3 下線の活用された動詞は不規則活用 1), 2), 3), 4), 5)のどれに当てはまるでしょう。

1. Anoche <u>dormí</u> tarde. (　　)

2. Juan y María <u>fueron</u> al cine. (　　)

3. ¿Cuándo <u>hiciste</u> la tarea? (　　)

4. Ayer <u>tuve</u> invitados en casa. (　　)

5. <u>Pedimos</u> un café con leche. (　　)

6. ¿Quién te <u>dio</u> ese regalo? (　　)

7. Mi padre <u>fue</u> futbolista de joven. (　　)

8. ¿<u>Trajiste</u> el diccionario? (　　)

9. Los turistas <u>quisieron</u> beber sake. (　　)

10. ¿Qué te <u>dijo</u> tu padre? (　　)

Un poco más 13

1. Completa la tabla.　（　）に動詞の意味を入れ、活用表を完成させましょう。

querer（　）	poder（　）	hacer（　）	tener（　）	saber（　）	decir（　）	ir（　）	dar（　）
quise				supe		fui	
	pudiste						
		hizo					
			tuvimos				
							disteis
					dijeron		

2. Completa con la forma adecuada del verbo.　直説法点過去の適切な形を書きましょう。

1）A: ¿Dónde（ir, tú）＿＿＿＿＿＿ de vacaciones?

　　B: ＿＿＿＿＿＿ a Perú con mis amigos para conocer Machu Pichu.

2）A: ¿Cuántos días（estar, tú）＿＿＿＿＿＿ en Perú?

　　B: ＿＿＿＿＿＿ cinco días. Después（ir, yo）＿＿＿＿＿＿ a Bolivia.

3）A:（ver, tú）＿＿＿＿＿＿ el lago Titicaca?

　　B: Sí, en medio del lago Tiicaca hay una frontera entre Perú y Bolivia.

4）A: ¿Cuándo（volver, vosotros）＿＿＿＿＿＿ del viaje?

　　B: ＿＿＿＿＿＿ la semana pasada.（ser）＿＿＿＿＿＿ un viaje largo.

5）A: ¿Os（gustar）＿＿＿＿＿＿ la comida?

　　B: Sí,（comer, nosotros）＿＿＿＿＿＿ mucha papa y（beber, nosotros）＿＿＿＿＿＿ chicha.

3. Números romanos　ローマ数字

I = 1	VI = 6	XI = 11	XVI = 16	XXX = 30	LXXX = 80
II = 2	VII = 7	XII = 12	XVII = 17	XL = 40	XC = 90
III = 3	VIII = 8	XIII = 13	XVIII = 18	L = 50	C = 100
IV = 4	IX = 9	XIV = 14	XIX = 19	LX = 60	D = 500
V = 5	X = 10	XV = 15	XX = 20	LXX = 70	M = 1,000

1492 : MCDXCII　　　　1200 : MCC　　　　755 : DCCLV

Carlos V（quinto）, Isabel I（primera）, siglo XX（veinte）, siglo XII（doce）等、国王や世紀を表す
ときはローマ数字を用いる。

※会話では XI 以上は基数（once, doce, trece, …）を用いることがある。

Lección 14 El chocolate

33

Sara: ¿Te gusta el chocolate?

Yolanda: Sí, me encanta. El chocolate se hace con las semillas del cacao.

Sara: Dicen que los mayas y los aztecas no solo comían y bebían chocolate, también usaban las semillas del cacao como moneda.

Yolanda: Es cierto; pagaban con el cacao su ropa, su comida y sus utensilios.

Sara: ¿Cómo preparaban el chocolate?

Yolanda: Dejaban secar las semillas, las tostaban y las molían. Después les ponían vainilla, polvo de maíz y un poco de miel. Luego hacían pequeñas tortas[1].

Sara: Aún ahora lo preparan así en los pueblos, ¿verdad? ¿Qué tal si merendamos chocolate caliente con tamal[2]?

Yolanda: ¡Mmm, qué rico!

1) tortas は手のひらに収まる程度に丸めたペースト状のチョコレートです。それをお湯に溶かして飲みます。
2) tamal はトウモロコシをつぶし、それを練ってトウモロコシの皮に包んだチマキのような食べ物です。

チョコレートの原料となっているカカオはメキシコ原産です。栄養豊富なカカオは貴重な食材でした。儀式の際に使用されたり、飲み物や香辛料としても使われました。

54

1 直説法線過去（不完了過去） Pretérito imperfecto de indicativo

1）規則活用

hablar	comer	vivir
habl**aba**	com**ía**	viv**ía**
habl**abas**	com**ías**	viv**ías**
habl**aba**	com**ía**	viv**ía**
habl**ábamos**	com**íamos**	viv**íamos**
habl**abais**	com**íais**	viv**íais**
habl**aban**	com**ían**	viv**ían**

2）不規則活用

ser	ir	ver
era	iba	veía
eras	ibas	veías
era	iba	veía
éramos	íbamos	veíamos
erais	ibais	veíais
eran	iban	veían

3）用法

a）過去のある時点における継続的な行為や状態を表す。「～していた」

Cuando se celebró la Olimpiada en Japón, vivíamos en Tokio.

Cuando sonó el teléfono, eran ya las doce de la noche.

b）過去のある時点における反復的、習慣的行為を表す。「～したものだ」

Cuando era niño, jugaba al fútbol con mis amigos.

Antes, me gustaba leer libros, pero ahora casi no leo.

Mi abuelo solía pasear por el parque todas las mañanas.

c）主節の動詞と同時的な事柄を表すとき、時制の一致として使用される。

José me dijo que tenía exámenes.

Ejercicio 1 （　）の動詞を直説法線過去の適切な形に活用させましょう。

1. Cuando llegué al aeropuerto, me（esperar）.................................... mis padres.

2. Antes（ir, vosotros）.................................... mucho a la playa con los amigos.

3. Sara dijo que（pensar）.................................... viajar por Europa este verano.

4. Cuando（ser, nosotros）.................................... niños,（jugar）.................................... en ese parque.

5. Cuando empezó la epidemia de coronavirus, ellos（estar）.................................... en el extranjero.

（　）に動詞の意味を記入して、直説法線過去の活用表を完成させましょう。

jugar（　　　）	leer（　　　）	vivir（　　　）	ir（　　　）	ser（　　　）	ver（　　　）

2　点過去と線過去の違い　Usos del pretérito indefinido e imperfecto

1）**点過去**は、過去において何かがすでに完結した動作・状態を表す。

Ayer **fuimos** a cenar a un restaurante italiano. Hubo un terremoto anoche.

La semana pasada **tuvimos** examen de inglés.

線過去は、過去のある時点の出来事についての状況を説明するときに用いられる。過去に起こった出来事は**点過去**で、その時の状況は**線過去**で表す。過去の時刻は線過去を用いる。

Anoche, cuando llegué a casa, **eran** ya las diez.

María se casó muy joven. Entonces **tenía** dieciocho años.

2）**点過去**は、過去において区切られた時間枠に終了した出来事を表す。

Viví en la Ciudad de México hasta los doce años.

Trabajé durante cinco años en esa compañía.

線過去は、過去における状況や背景を描写する。時間枠に区切りはない。

Cuando **era** niño, **vivía** cerca de la playa.

Antes, **escuchábamos** las noticias por radio.

（　）の動詞を点過去または線過去の適切な形に活用させましょう。

1. A: ¿Dónde （ir, tú） .... el domingo pasado?

   B: .... a un concierto. （haber） .... mucha gente.

2. A: ¿Cuántos años （tener, tú） .... cuando （viajar） .... por Europa?

   B: .... 18 años.

3. Cuando （llegar, yo） .... a casa, ya （ser） .... las doce.

4. A mi abuela le （gustar） .... pasear por el parque, antes.

5. Antes （jugar, nosotros） .... al fútbol los sábados.

6. Yo （nacer） .... en Tokio en el año 2005.

7. Anoche （acostarse, yo） .... muy tarde. Por eso tengo sueño.

Un poco más 14

1. ¿Qué hacías de niño? 子供のころはどんなことをしていましたか？文を完成させましょう。

Cuando era niño:

frecuentemente _____

a veces _____

los fines de semana _____

todos los días _____

en la escuela _____

2. Escoge la respuesta adecuada. 下線に当てはまる活用形を選びましょう。

1）Antes _____ temprano todos los días.

  a）me levantaba   b）me levanté   c）me levanto

2）María me _____ que hacía mucho calor en su país.

  a）dice   b）dijo   c）decir

3）¿Qué _____ los mayas con la semilla del cacao?

  a）hacía   b）hizo   c）hacían

4）Cuando volví a casa ya _____ de noche.

  a）era   b）es   c）fue

5）Anoche _____ a ver una película muy interesante.

  a）vamos   b）íbamos   c）fuimos

6）Mi abuelo _____ el año pasado.

  a）muere   b）murió   c）moría

7）Nosotros _____ en Argentina.

  a）nací   b）nacía   c）nacimos

3. Responde a las preguntas. 質問に答えましょう。

1）¿Qué programa de televisión veías cuando eras niño?

_____

¿Qué ves ahora? _____

2）¿Dónde vivías de niño?

_____

¿Dónde vives ahora? _____

3）¿Antes tomabas el tren para ir al colegio?

_____

¿Y ahora? _____

34

Jorge estudia en la Facultad de Letras. Conversa con Mika sobre un libro.

Jorge: Mika, ¿has leído la novela de *Don Quijote*?

Mika: No, no la he leído. Dicen que es una historia de aventuras, algo alocada, de Don Quijote y Sancho Panza, ¿no?

Jorge: Sí. Fue escrita por Cervantes en el siglo XVII. Don Quijote era un caballero de corazón muy noble, pero actuaba con locura.

Mika: Parece que la novela es muy larga y lleva muchos capítulos. ¿Cuál de las aventuras te ha gustado más?

Jorge: El capítulo "De la libertad que dio Don Quijote a los presos". Me ha impresionado una de sus frases cuando dice "....Dios y naturaleza hizo libres a los hombres, ... es duro hacer esclavos a estos pobres presos".

Mika: ¡De verdad! ¿Y logró liberar a los presos?

Jorge: Sí, pero los presos huyeron sin agradecerle, es más, hasta se burlaron de él.

Mika: ¡Qué pena! He decidido leerla. Quiero saber más sobre sus otras aventuras.

「ドン・キホーテが囚人に与えた自由」には、ドン・キホーテの正義感がにじみ出ていますが、折角自由を与えてあげた囚人にひどい仕返しをされるお話です。ドン・キホーテの言葉「神と自然がもともと自由な者としてお創りになった人間を奴隷にするとは、むごいことである。」は、作者セルバンテスが戦争で捕虜になった経験から生まれた言葉でしょう。

1 **過去分詞**　Participio pasado

1）規則形

hablar → hablado	comer → comido	vivir → vivido

2）不規則形　（-er, -ir）動詞に限る

hacer → hecho	poner → puesto	abrir → abierto	decir → dicho
romper → roto	ver → visto	escribir → escrito	morir → muerto
leer → leído	volver → vuelto	oír → oído	cubrir → cubierto

＊leer と oír：語根が母音で終わる過去分詞にはアクセント符号が必要になる。

3）用法

a）形容詞のように用いられ、名詞を修飾する。名詞の性・数に一致する。

Vamos a comprar el **vino hecho** en Rioja. / Quiero leer un **libro escrito** en español.

b）ser ＋過去分詞（＋ por ＋行為者）：動作の受け身を表す。

過去分詞は主語に性・数一致する。主に書き言葉に用いられる。

Don Quijote **fue escrito** por Cervantes.

El tratado de paz **es firmado** por los dos presidentes.

c）estar ＋過去分詞：結果としての状態を表し、過去分詞は主語に性・数一致する。

Las novelas de Haruki Murakami **están traducidas** a varios idiomas.

Las ventanas **están abiertas**.

Ejercicio 1　不定詞を過去分詞にしましょう。

hablar →	comer →	vivir →
hacer →	decir →	escribir →
romper →	ver →	poner →
leer →	oír →	morir →

2 **現在完了**　Pretérito perfecto de indicativo

haber の直接法現在＋過去分詞。　（注）過去分詞は性数変化しない。

＊中南米では、終了したばかりの事柄を点過去形で表すことが多い。

he has ha hemos habéis han	＋	hablado comido

1）現時点で終了した事柄：La clase ya ha terminado.

El tren ha salido hace unos minutos.

2）現在までの経験：¿Has estado alguna vez en Sevilla?

No, nunca he estado allí.

3）現在を含む期間内に生じた事柄：

Este año ha llovido poco.

Hoy hemos desayunado pan y café.

Ejercicio 2 （ ）の動詞を直説法現在完了の適切な形に活用させましょう。

1. A: ¿Ya (hacer, tú) _____ la tarea?　　B: No, todavía no la _____ .

2. A: ¿Qué (preparar, vosotros: _____) de comer?

   B: (cocinar: _____ sopa de ajo y paella.

3. A: ¿Ya (llegar) _____ los niños?

   B: No, parece que todavía están en la escuela.

4. A: (poner, ellos) _____ una película nueva de Disney. ¿Lo sabías?

   B: Sí, mi hermana ya la vio ayer, pero yo todavía no la _____ .

5. A: El año pasado llovió mucho, pero este año (llover) _____ poco.

6. A: ¿(viajar, tú) _____ por Europa alguna vez?

   B: No, nunca (estar) _____ en Europa.

3 現在分詞　Gerundio

1) 規則形

hablar → hablando	comer → comiendo	vivir → viviendo

2) 不規則形

a) -yendo 型

leer → leyendo	oír → oyendo	ir → yendo

b) 現在形で語根母音変化する　-ir 動詞

e → i　タイプ		o → u タイプ	
decir → diciendo	pedir → pidiendo	dormir → durmiendo	
seguir → siguiendo	venir → viniendo	morir → muriendo	

3) 用法

a) 現在進行形　estar + 現在分詞

¿Qué estás haciendo? −Estoy esperando un taxi.

（注）代名詞（直接目的・間接目的・再帰）は estar の前に来ることも現在分詞の語末に結合することもある。

Mis amigos me están esperando.　Mis amigos están esperándome.

b) 他の動詞との組み合わせ

1. seguir / continuar +現在分詞「…し続ける」

   Sigue lloviendo fuerte.　Ellos continuaron estudiando español.

2. ir + 現在分詞　「だんだん　…していく」

   Va disminuyendo la población en este país.　Vamos aprendiendo español poco a poco.

3. 副詞的用法「…しながら」

   Esos niños caminan mirando su móvil.　Yo desayuno escuchando las noticias.

60

Un poco más 15

1. Escribe en presente continuo.　現在進行形「estar ＋現在分詞」に書きかえましょう。

　　1) Hablamos en español. ....

　　2) Como en la cafetería. ....

　　3) Ellos trabajan en aquella oficina. ....

　　4) ¿Escriben mensajes en español? ....

　　5) ¿Dónde practicas el baloncesto? ....

2. Preposiciones（1）　前置詞 'a', 'de', 'en' の主な使い方

　a

　　1) 方向、到達点「…へ、…に」: Ayer fuimos **a** Los Ángeles. Llegamos **a** casa tarde.

　　2) 場所・位置「…で、…のところで」:　　**a** la izquierda, **a** la derecha, **al** lado de

　　3) 時点「…に、…の時に」:　　　　　　Me levanto **a** las seis de la mañana.

　　4) 時間・距離「…から…まで」:　　　　Estoy en Madrid **del** día 15 **al** 30.

　　　　　　　　　　　　　　　　　　　　El autobús hace 5 horas **de** aquí **a** Kioto.

　　5) 手段・方法「…で」: Vamos **a** pie a la escuela. La mascarilla está hecha **a** mano.

　　6) スポーツ・ゲーム「…をする」:　　Me gusta jugar **al** fútbol.　Jugamos **a** las cartas.

　　7) 直接目的語や間接目的語の前につける: Espero **a** mis amigos en la universidad.

　　　　　　　　　　　　　　　　　　　　A mi hermana le gustan los chocolates.

　de

　　1) 出身・場所「…の」: Ellos son **de** Osaka.　El gato está debajo **de** la mesa.

　　2) 所有・所属: Aquel coche es **de** Carlos.　Estos libros son **de** la biblioteca.

　　3) 材料・作者: La blusa es **de** seda.　Esa novela es **de** Cervantes.

　　4) 始点・出発点: Hay clases **de** lunes **a** viernes.　El tren va **de** Madrid a Córdoba.

　　5) 題材「…について」: El médico habló **de** la epidemia causada por el virus.

　en

　　1) 場所・位置「…で、…に」: Ella vive **en** Barcelona. El periódico está **en** la mesa.

　　2) 時点・期間: La Olimpiada de México se celebró **en** 1968.　Comimos **en** diez minutos.

　　3) 手段・方法: Nosotros escribimos **en** español y japonés. Salimos de viaje **en** coche.

3. Completa con la preposición adecuada.　（　）に適切な前置詞を入れましょう。

　　1) Carlos y Sofía son（　　　）Argentina pero ahora viven（　　　）Madrid.

　　2) El tren rápido va（　　　）Tokio（　　　）Osaka（　　　）dos horas.

　　3) Las noticias hablan（　　　）los muertos causados por la epidemia.

　　4) La obra（　　　）García Márquez obtuvo el premio Nobel（　　　）1982.

　　5) La iglesia está（　　　）la izquierda（　　　）aquel edificio alto.

Lección 16 El conejo en la luna

35

Jorge y Mika suben a las pirámides del Sol y la Luna en Teotihuacan.

Jorge: ¿Sabes que hay un conejo en la luna de México?

Mika: ¡Qué interesante! En Japón también dicen que hay un conejo en la luna. Me gustaría saber más sobre esa mitología.

Jorge: Hace mucho tiempo, no había luz en el mundo; todo era oscuridad. Entonces, los dioses se reunieron y planearon salir de la penumbra para crear un "nuevo día". Uno de los dioses preguntó: "¿Quién alumbrará el mundo?" "¿Quién se encargará del amanecer?"

Mika: ¿Hubo algún dios valiente?

Jorge: Sí, dos dioses se ofrecieron: uno era rico y el otro era pobre. Entonces los dioses ahí reunidos prepararon una "hoguera divina"[1]. El dios rico tuvo miedo de lanzarse al fuego, pero el dios pobre se lanzó al fuego.

Mika: ¿Qué pasó con el dios rico?

Jorge: Se arrepintió de su conducta y se lanzó después a la hoguera. El dios pobre transformado en el Sol, apareció desde el oriente alumbrando[2] el cielo y proporcionando[3] calor. El dios rico salió después, detrás del Sol, brillando también con intensidad.

Mika: Entonces, ¿había dos soles?

Jorge: Uno de los dioses reunidos cogió un conejo y lo lanzó contra el segundo sol opacando[4] su brillo. Inmediatamente el segundo sol se convirtió en la luna. Por eso puedes ver de noche un conejo en la luna.

Mika: ¡Ah! Ahora entiendo.

1) **hoguera divina**: 聖なる焚火　2) **alumbrar**: 照らす　3) **proporcionar**: 提供する　4) **opacar**: さえぎる
メキシコのテオティワカン遺跡には巨大な太陽と月のピラミッドがあります。この神話は、暗闇の世界を照らす太陽と月がどのように創られたかのお話です。

1 直説法未来　Futuro imperfecto

1）規則活用

未来形は不定詞の語尾に **-é, -ás, -á, -emos, -éis, -án** をつける。

hablar	comer	vivir
hablar**é**	comer**é**	vivir**é**
hablar**ás**	comer**ás**	vivir**ás**
hablar**á**	comer**á**	vivir**á**
hablar**emos**	comer**emos**	vivir**emos**
hablar**éis**	comer**éis**	vivir**éis**
hablar**án**	comer**án**	vivir**án**

2）不規則活用

a）e 削除型

poder
podr**é**
podr**ás**
podr**á**
podr**emos**
podr**éis**
podr**án**

haber, saber, querer

b）d 代入型

tener
tendr**é**
tendr**ás**
tendr**á**
tendr**emos**
tendr**éis**
tendr**án**

poner, salir, venir

c）完全不規則

hacer
har**é**
har**ás**
har**á**
har**emos**
har**éis**
har**án**

decir → diré, dirás, etc.

3）未来形の用法

a）現在から見た未来の行為・未来への意思を表す。

Ellos se casarán el próximo año.　Mis padres saldrán de viaje a Europa.

b）現在の出来事の推量を表す。

A: ¿Por dónde estarán viajando ellos ahora?　B: Estarán en Italia comiendo *pizza*.

Ejercicio 1 （　）の動詞を直説法未来の適切な形に活用させましょう。

1. A: ¿Crees que (llegar) .... los estudiantes a tiempo?

   B: Claro, ellos (venir) .... a tiempo. Son muy responsables.

2. A: El fin de semana (tener, nosotros) .... una fiesta.

   B: Entonces yo (traer) .... las bebidas.

3. A: ¿A qué hora (volver) .... los niños de la escuela?

   B: Creo que (regresar) .... como a las tres de la tarde.

4. A: ¿Las clases (ser) .... a distancia?

   B: Supongo que sí. Nos (avisar) .... el profesor después.

5. El problema del virus COVID-19 (afectar) .... la economía mundial.

2 直説法過去未来　Condicional

1）規則活用

過去未来は不定詞の語尾に **-ía, -ías, -ía, -íamos, -íais, -ían** をつける。

hablar	comer	vivir
hablar**ía**	comer**ía**	vivir**ía**
hablar**ías**	comer**ías**	vivir**ías**
hablar**ía**	comer**ía**	vivir**ía**
hablar**íamos**	comer**íamos**	vivir**íamos**
hablar**íais**	comer**íais**	vivir**íais**
hablar**ían**	comer**ían**	vivir**ían**

2）不規則活用

a) e 削除型

poder
podr**ía**
podr**ías**
podr**ía**
podr**íamos**
podr**íais**
podr**ían**

haber, saber, querer

b) d 代入型

tener
tendr**ía**
tendr**ías**
tendr**ía**
tendr**íamos**
tendr**íais**
tendr**ían**

poner, salir, venir

c) 完全不規則

hacer
har**ía**
har**ías**
har**ía**
har**íamos**
har**íais**
har**ían**

decir → diría, dirías, etc.

3）過去未来の用法

a) 過去から見た未来の行為・状態を表す。

Yo creía que **iríamos** al cine mañana.　Nos **dijeron** que se **cancelaría** la Olimpiada.

b) 過去の出来事の推量。

A: ¿A qué hora **llegarían** mis hijos a casa anoche?

B: **Llegarían** como a las diez de la noche.

c) 婉曲表現。

Me **gustaría** salir de viaje el fin de año.　¿Me **podría** prestar su bolígrafo, por favor?

d) 条件を伴った仮定的な行為。

Yo, en tu lugar, no **iría** a esa fiesta, tenemos que cuidarnos del coronavirus.

Ejercicio 2 （　）の動詞を直説法過去未来の適切な形に活用させましょう。

1. Me（gustar）..................... viajar en tren por toda Europa.

2. Pensaba que aquel joven（tener）..................... unos veinte años.

3. ¿（Poder, tú）..................... esperarme en la salida de la estación?

4. Yo, en tu lugar,（usar）..................... mascarillas para salir a la calle.

Un poco más 16

36

1. Números ordinales　序数

> primero　　segundo　　tercero　　cuarto　　quinto
> sexto　　séptimo　　octavo　　noveno　　décimo

形容詞と同様に名詞に性・数一致する。primero と tercero は、男性単数名詞の前で primer, tercer
となる。

la primera página　　el primer día　　la segunda semana　　el segundo año

la tercera clase　　el tercer mes　　la quinta fila　　　　el quinto piso

2. Completa.　適切な序数を記入しましょう。

1)（　　　　　）piso（5階）　　　2)（　　　　　）mes（最初の月）

3)（　　　　　）lección（第10課）　4)（　　　　　）día（3日目）

5)（　　　　　）año（6年目）　　　6)（　　　　　）semana（4週目）

3. Preposiciones (2)　前置詞 'para' 'por' の主な使い方

para

1) 目的「…するために」：Ellos estudian **para** aprobar el examen.

2) 用途「…のために」：Vamos a comprar un pollo asado **para** la cena.

3) あて先「…あての」：Este regalo es **para** mi madre.

4) 適合・利益「…にとって、…のためには」：Esa clase es muy difícil **para** nosotros.

　　　　　　　　　　　　　　　　　El alcohol es malo **para** la salud.

5) 方向（方向を目指すが、必ずしも到達点ではない。）：El tren va **para** Madrid.

por

1) 目標「…を求めて」：Pasamos a la escuela **por** los niños.　Voy **por** el pan.

2) 代価「…と交換に」：Vamos a cambiar el dinero **por** dólares.

3) 時間帯：Tenemos clase de español **por** la mañana.　**Por** la noche hacemos la tarea.

4) 場所表現「…あたり」：「…に沿って」：Hay un banco **por** aquí. Hay que ir recto **por** esta calle.

5) 割合「…につき」：Hay un descuento del 10 **por** ciento.　Trabajamos **por** horas.

6) 慣用句として：**por** lo general 一般に　**por** fin ついに　**por** favor どうか、どうぞ

4. Completa con la preposición adecuada.　適切な前置詞を入れましょう。

1) Un café con leche, (　　　) favor.

2) Vamos a preparar una tarta de fresa (　　　) nuestra abuela.

3) ¿Habrá una farmacia (　　　) aquí?

4) El domingo (　　　) la mañana pensamos ir al zoológico.

5) ¿Cuándo sales (　　　) España?

Lección 17 El lago Titicaca

Mika y Sara planean visitar el lago Titicaca, ubicado entre Bolivia y Perú. Ellas van a visitar a unos amigos que viven en La Paz, capital de Bolivia. De paso quieren conocer uno de los lagos más antiguos del mundo y el más grande de América del Sur.

Mika: Estoy muy emocionada de poder visitar el lago. Dicen que es muy grande y que está a 3,800 metros de altitud sobre el nivel del mar[1].

Sara: Espero que no nos dé mal de altura[2]. Ojalá nos acompañen nuestros amigos cuando visitemos el lago. Dicen que en torno al Titicaca la gente habla además de la lengua española, el aimara[3].

Mika: ¡Qué bien! ¿Es cierto que el sesenta por ciento del lago pertenece a Perú y el cuarenta por ciento a Bolivia?

Sara: Así es. Hay una frontera en medio del lago. Es interesante ver barcos militares que navegan para vigilar la frontera. Oye, Mika, ¿por qué están tus amigos en Bolivia?

Mika: Ellos trabajan en un criadero de truchas[4]. Es un proyecto del Gobierno japonés.

Sara: ¡Vaya! ¡Qué interesante! Por cierto, ¿ya tenemos la reservación del vuelo a Bolivia? Vamos a confirmarlo cuando lleguemos a casa.

1) sobre el nivel del mar: 海抜　　2) mal de altura: 高山病
3) aimara: ボリビア側に多く住むアイマラ族の言語　　4) criadero de truchas: マスの養殖場

1 接続法　El subjuntivo

これまで勉強してきた「直説法」は出来事を事実として述べる動詞の形式である。

それに対し「接続法」は要求、願望、疑惑、感情などの出来事を仮定的に表す場合に用いられる。

Quiero visitar el Lago Titicaca.「チチカカ湖を訪れたい」実現しうる願望である。

Quiero que mi hija **visite** el Lago Titicaca.

「娘がチチカカ湖を訪れることを望む」実際に彼女が訪れるかどうかは未定である。

2 接続法現在規則活用　Presente de subjuntivo（verbos regulares）

直説法現在形の語尾を入れ替えると接続法ができる：-ar → e；-er, -ir → a

hablar	comer	vivir
habl**e**	com**a**	viv**a**
habl**es**	com**as**	viv**as**
habl**e**	com**a**	viv**a**
habl**emos**	com**amos**	viv**amos**
habl**éis**	com**áis**	viv**áis**
habl**en**	com**an**	viv**an**

綴り字に注意が必要な単語：

buscar: bus**que**, bus**ques**, bus**que**, bus**quemos**, bus**quéis**, bus**quen**

llegar: lle**gue**, lle**gues**, lle**gue**, lle**guemos** lle**guéis**, lle**guen**

coger: co**ja**, co**jas**, co**ja**, co**jamos**, co**jáis**, co**jan**

alcanzar: alcan**ce**, alcan**ces**, alcan**ce**, alcan**cemos**, alcan**céis**, alcan**cen**

3 接続法現在不規則活用（1）　Presente de subjuntivo（verbos irregulares 1）

直説法現在形 1 人称単数形の末尾の母音を入れ替えると接続法現在形の活用ができる。

1) hacer: ha**ga**, ha**gas**, ha**ga**, ha**gamos**, ha**gáis**, ha**gan**

　　同類の動詞：decir, salir, oír, venir, traer, tener

2) conocer: cono**zca**, cono**zcas**, cono**zca**, cono**zcamos**, cono**zcáis**, cono**zcan**

　　同類の動詞：traducir, nacer, parecer

Ejercicio 1　接続法現在の活用表を完成させましょう。

trabajar	leer	escribir	decir	tener	traducir
	lea				traduzca
			digas		
trabaje					
		escribáis			
				tengan	

4 接続法現在不規則活用 (2) Presente de subjuntivo (verbos irregulares 2)

1) a) 語根母音が変化する **-ar, -er** 動詞 ［e → ie］

　　querer: qu**ie**ra, qu**ie**ras, qu**ie**ra, queramos, queráis, qu**ie**ran

　　他：empezar, pensar, cerrar, entender

　b) 語根母音が変化する **-ar, -er** 動詞 ［o → ue］

　　poder: p**ue**da, p**ue**das, p**ue**da, podamos, podáis, p**ue**dan

　　他：recordar, contar, acostar, volver, mover

2) a) 語根母音が変化する **-ir** 動詞 ［e → ie］

　　sentir: s**ie**nta, s**ie**ntas, s**ie**nta, s**i**ntamos s**i**ntáis, s**ie**ntan

　　他：preferir, divertir

　b) ［o → ue］ dormir: d**ue**rma, d**ue**rmas, d**ue**rma, d**u**rmamos, d**u**rmáis, d**ue**rman

　　他：morir

　c) ［e → i］ pedir: p**i**da, p**i**das, p**i**da, p**i**damos, p**i**dáis, p**i**dan

　　他：servir, repetir, seguir

　d) その他

ser	→ sea, seas, sea, seamos, seáis, sean
estar	→ esté, estés, esté, estemos, estéis, estén
ver	→ vea, veas, vea, veamos, veáis, vean
ir	→ vaya, vayas, vaya, vayamos, vayáis, vayan
saber	→ sepa, sepas, sepa, sepamos, sepáis, sepan
haber	→ haya, hayas, haya, hayamos, hayáis, hayan

5 接続法現在の用法 (1) 名詞節 El uso del subjuntivo. Oración sustantiva

1) 主節が「願望」「要求」を表す。 Quiero que mis hijos **sean** muy felices.

2) 主節が「否定」「疑惑」を表す。 No creo que **podamos** viajar al extranjero.

3) 主節が「感情」を表す。 Es una lástima que no **tengamos** tiempo para vernos.

4) 主節が必要性や可能性を表す。 Es mejor que ellos **vayan** al hospital.

Ejercicio 2 （ ） の動詞を接続法現在の適切な形に活用させましょう。

1. Queremos que nos (visitar) .... nuestros amigos más seguido.

2. Espero que mañana (hacer) .... buen tiempo.

3. Es una pena que el virus (estar) .... contagiando a tanta gente.

4. El profesor nos dice que lo (buscar) .... en su oficina.

5. Sentimos mucho que su abuelo (estar) .... hospitalizado.

6. No creo que ellos (saber) .... la verdad.

7. Deseamos que tú (ser) .... muy feliz en tu matrimonio.

8. Es posible que (encontrar, ellos) .... pronto la vacuna contra el virus.

Un poco más 17

1. Completa el cuadro.　接続法現在の活用表を完成させましょう。

querer	poder	ser	decir	tener	saber	pedir
			diga			
quieras				tengas		
						pida
	podamos					
					sepáis	
		sean				

2. Escoge la oración correcta.　正しい方に〇を入れましょう。

1) a. Espero que tengáis buen viaje.　（　　）　　b. Espero que tenéis buen viaje.　（　　）

2) a. Dudo que José habla japonés.　（　　）　　b. Dudo que José hable japonés.　（　　）

3) a. Es importante que estudiamos.　（　　）　　b. Es importante que estudiemos.　（　　）

4) a. No creo que llueva mañana.　（　　）　　b. No creo que llueve mañana.　（　　）

5) a. Sara quiere que volvamos pronto.（　　）　　b. Sara quiere que volvemos pronto.（　　）

3. Oraciones desiderativas　願望を表す接続法現在の独立文

　¡Ojalá (que) **ganemos** el partido de fútbol mañana!

　¡Que saquen buenas notas en el examen!

日本語を参考に文を完成させましょう。

1) ¡Ojalá (hacer) .... !　明日は良い天気になればいいなあ。

2) ¡Ojalá (mejorarse) .... !　お母さんが元気になりますように！

3) ¡Ojalá (encontrar, yo) .... !　良い仕事が見つかりますように！

4) ¡Que (tener, tú) .... !　良い旅行を！

5) ¡Que (divertirse, Uds.) .... !　楽しんできてね！

4. Oraciones dubitativas　推量を表す接続法の独立文

　Tal vez le **den** a Murakami el premio Nobel de literatura.

　Quizá llueva mañana.

日本語を参考に文を完成させましょう。

1) Tal vez (nevar) .... 　北海道では雪が降るでしょう。

2) Tal vez (ganar, nosotros) .... 　私たちは試合に勝つでしょう。

3) Quizá (llegar, ellos) .... 　彼らは遅刻するでしょう。

4) Quizá (no saber, ella) .... 　彼女は何も知らないでしょう。

Lección 18 La Colonia Enomoto

En 1897, un grupo de inmigrantes japoneses formado por treinta y cinco miembros, llevando el nombre "Colonia Enomoto", se estableció en un pueblo llamado Acacoyagua, Estado de Chiapas, México. Fueron los primeros inmigrantes japoneses en Latinoamérica.

Jorge: ¿Por qué llevan el nombre de Enomoto, un personaje histórico de Japón, y para qué fueron hasta México?

Mika: Entonces, Takeaki Enomoto era Secretario de Relaciones Exteriores. Él organiza esta expedición para que estos hombres colonicen la región e impulsen el intercambio comercial de productos agrícolas, principalmente el café. Pero este proyecto fracasa.

Jorge: ¿Por qué? ¿Qué pasó con los colonos que ya estaban en Chiapas?

Mika: Por la falta de recursos económicos y las dificultades políticas de la época Meiji, el vizconde Enomoto se desanima totalmente y se retira de su cargo. Estos colonos, abandonados en medio de la selva de Chiapas, se levantan para continuar con la ideología de Enomoto. A pesar de la falta de higiene, de enfermedades, y sin ningún apoyo económico de Japón, se organizan y salen adelante.

Jorge: ¡Qué valientes! Tengo entendido que ellos crean una escuela para que sus descendientes aprendan japonés. Y también publican en Japón el primer diccionario "Español-Japonés". ¡Qué maravilla!

Mika: Es cierto. Ojalá el próximo año podamos viajar a Chiapas y conozcamos el monumento fundado en "Memoria de los Colonos Enomoto".

榎本殖民地とは、1897年の5月、南メキシコ、チアパス州、アカコヤクア村に、35名の日本人移住者が赴いた場所の事です。当時の外務大臣、子爵榎本武揚が陣頭に立って植民協会を立上げ、メキシコ政府との交渉の末、この土地の購入の契約を結ぶこととなりました。夢と希望に満ちた若者36名（契約移民29名、自由渡航者6名、監修1名）がコーヒー栽培を目的に未知の国へと旅立ったのです。

1 接続法現在の用法（2）形容詞節　Oración relativa subordinada

1）先行詞が特定の人物や事物である場合、関係節は**直説法**が用いられる。

Tenemos unos amigos que **hablan** tres idiomas.（実際にその友達がいる）

2）先行詞が不特定や否定の意味を持つ場合、関係節は**接続法**が用いられる。

Buscamos（a）alguien que **hable** tres idiomas.（その人が実在するか否かはわからない）

Aquí no hay nadie que **sepa** hablar árabe.（そのような学生はここには実在しない）

2 接続法現在の用法（3）副詞節　Oración adverbial subordinada

1）「目的」を表す：「para que + 接続法」の場合は主動詞の主語と接続法の主語が異なる。

Te doy este libro **para que** lo **leas**.（…を読むように）

「para + 不定詞」は主動詞と目的を表す主語が同一の場合。

Voy a comprar este libro **para leer**lo después.（…後で読むために）

2）「時」を表す：「cuando + 接続法」　未来の事柄を表す場合。

Cuando **vaya** a Madrid, **visitaré** el Museo del Prado.（…へ行ったら）

「cuando + 直説法」習慣的な事柄を表す場合。（…へ行くときは）

Cuando **voy** a Madrid, siempre **visito** el Museo del Prado.

3）「譲歩」を表す：「aunque + 接続法」仮定的な事柄に限られる。

Aunque **llueva**, iré a ver el partido.（たとえ雨が降ろうと…）

「aunque + 直説法」事実を表す

Aunque **llueve**, iremos a ver el partido.（雨が降っているが…）

`Ejercicio 1` （　　）の動詞を接続法現在の適切な形に活用させましょう。

1. Hablaré más despacio para que Uds. me（entender）........................... .

2. Cuando（ir, yo）........................... a Salamanca, visitaré la Universidad.

3. Buscamos una secretaria que（saber）........................... hablar japonés.

4. Es posible que ellos（tener）........................... fiebre.

5. Me alegro de que（sacar, tú）........................... buenas notas en los exámenes.

6. Aunque（haber）........................... mucha gente, iré a ver el espectáculo.

7. Cuando（comprar, yo）........................... un coche, te llevaré a pasear.

8. ¿Hay alguien aquí que（conocer）........................... a ese actor tan guapo?

9. Aunque（hacer）........................... frío en invierno, me gustaría vivir allí.

10. No hay ropa que me（gustar）........................... en esta tienda.

命令法 Imperativo

1）命令法の活用

hablar		comer		vivir	
———	hablemos	———	comamos	———	vivamos
habla	hablad	come	comed	vive	vivid
hable	hablen	coma	coman	viva	vivan

a）接続法が usted, ustedes の肯定命令に用いられる。**Hable** más despacio. **Coman** bien.

b）接続法が nosotros の肯定命令に用いられ、勧誘を表す。**Vayamos** al campo a vivir.

c）接続法がすべての人称の否定命令に用いられる。

　　No lo pienses tanto. **No olvides** tomar la medicina.　**No salgan** a la calle.

d）tú の命令法は直説法単数の３人称と同形。**Respeta** a los mayores.

e）vosotros の命令法は不定詞の -r を -d に入れ替える。**Esperad** en la estación.

f）tú に対する肯定命令には不規則形がある。

poner → pon	hacer → haz	tener → ten	ir → ve
decir → di	salir → sal	venir → ven	ser → sé

2）命令法に対する目的格人称代名詞と再帰代名詞の位置

a）肯定命令の場合は動詞の語尾につける。

　　Siéntate ya.　**Dáselo** a tu hermana.　**Ponte** el sombrero.　**Levántense** ya.

b）否定命令の場合は活用動詞の直前に置く。

　　No se vayan todavía.　**No me digas** eso.　**No le des** dulces al niño.

c）vosotros に対する再帰動詞の命令法では -ad, -ed, -id の -d を除いて再帰代名詞の os をつける。

　　Levantaos temprano.　**Lavaos** las manos antes de comer.

d）nosotros に対する再帰動詞の命令法では -mos の -s を除いて再帰代名詞の nos をつける。

　　Pongámonos la chaqueta.　**Sentémonos** en ese banco.　**Duchémonos** con agua fría.

Ejercicio 2 日本語を参考に命令文を作りましょう。

1.（decir, tú）........................... la verdad. 私に真実を言ってちょうだい。

2.（ir, Uds.）........................... recto por esta calle. この通りをまっすぐ行ってください。

3.（abrir, Ud.）........................... la ventana, por favor. 窓を開けてください。

4.（pasar, vosotros）........................... la sal. 私に塩を取ってちょうだい。

5.（subir, nosotros）........................... al tren. 電車に乗りましょう。

6.（traer, Ud., a mí）........................... un vaso de agua, por favor. お水を一杯持ってきてください。

Un poco más 18

1. Completa con presente de indicativo o subjuntivo. （　）の動詞を直説法現在か接続法現在の
   適切な形に活用させましょう。

   1）Cuando (volver, tú) .... de viaje, llámame por favor.

   2）Cuando (volver, yo) .... de viaje, siempre te llamo.

   3）Aunque (hacer) .... mal tiempo, el avión saldrá.

   4）Aunque sé que ella (estar) .... ocupada, la vamos a invitar.

   5）Cuando (escribir) .... cartas, siempre usamos el ordenador.

   6）Cuando (ir) .... al teatro, lleven su mascarilla.

2. Relaciona.　ＡとＢの表現を結びましょう。

   A

   1）Cuando alguien sale de viaje.　　（　　）

   2）Cuando visitas a un enfermo.　　（　　）

   3）Cuando tu amigo se va a casar.　（　　）

   4）Cuando alguien se va a dormir.　（　　）

   5）Cuando alguien se va a una fiesta. （　　）

   6）Al empezar a comer.　　　　　　（　　）

   B

   a. ¡Que te mejores!

   b. ¡Que seas feliz!

   c. ¡Que te diviertas!

   d. ¡Que aproveche!

   e. ¡Que tengas buen viaje!

   f. ¡Que descanses!

3. Pon la forma adecuada del imperativo.　次の動詞を（　）の人物に対する肯定・否定命令にし
   ましょう。

	（肯定命令）	（否定命令）
1）estudiar （tú）	....	....
2）leer （vosotros）	....	....
3）hablar （Ud.）	....	....
4）hacer （Uds.）	....	....
5）decir （tú）	....	....
6）venir （vosotros）	....	....
7）levantarse （Ud.）	....	....
8）ducharse （Uds.）	....	....
9）ponerse （tú）	....	....

Repaso 1　復習 1

1. アクセントのある母音を○で囲みましょう。

　　1）cacao 　　　　2）examen 　　　　3）música 　　　　4）perro 　　　　5）gato

　　6）mesa 　　　　7）silla 　　　　8）universidad 　　　9）amigo 　　　10）profesor

　　11）Argentina 　　12）Italia 　　　13）Francia 　　　14）Alemania 　　15）México

2. 定冠詞と不定冠詞を入れましょう。

　　1）（　　　　/　　　　）profesora 　　　　2）（　　　　/　　　　）zapato

　　3）（　　　　/　　　　）libros 　　　　　　4）（　　　　/　　　　）casa

　　5）（　　　　/　　　　）amigas 　　　　　 6）（　　　　/　　　　）ciudad

3. 日本語に合うように疑問詞を（　　）に入れましょう。

　　1）¿（　　　　　　）hay en la mesa?　　机には何がありますか？

　　2）¿De（　　　　　　）son José y Sara?　　ホセとサラはどこの出身ですか？

　　3）¿（　　　　　　）es Pilar?　　ピラルはどんな女性ですか？

　　4）¿（　　　　　　）es la clase de español?　　スペイン語の授業はいつありますか？

　　5）¿（　　　　　　）hay una cafetería?　　どこに喫茶店がありますか？

　　6）¿De（　　　　　　）es el coche?　　その車は誰のですか？

4. ser 動詞を直説法現在の適切な形に活用させましょう。

　　1）Yo ＿＿＿＿＿＿＿ estudiante.

　　2）¿＿＿＿＿＿＿ vosotros futbolistas?

　　3）Nosotros no ＿＿＿＿＿＿＿ cubanos.

　　4）Carmen ＿＿＿＿＿＿＿ italiana, de Roma.

　　5）¿＿＿＿＿＿＿ Uds. japoneses?

　　6）La casa ＿＿＿＿＿＿＿ grande.

　　7）¿De quién ＿＿＿＿＿＿＿ el coche?

　　8）Los ejercicios ＿＿＿＿＿＿＿ fáciles.

　　9）¿De quién ＿＿＿＿＿＿＿ los libros?

　　10）¿Tú ＿＿＿＿＿＿＿ camarera?

5. （　　）に主語人称代名詞を書きましょう。例）soy（yo）

　　1）somos（　　　　　　）　　　　　　2）es　（　　　　　　）

　　3）eres　（　　　　　　）　　　　　　4）son（　　　　　　）

6. 文全体を複数形にしましょう。

1）Él es simpático. _____

2）Yo soy de Francia. _____

3）Ud. es amable. _____

4）La niña es bonita. _____

5）Tú eres alto. _____

7. 次の形容詞をスペイン語で書きましょう。

1）大きい _____   2）小さい _____

3）簡単 _____   4）難しい _____

5）背が高い _____   6）背が低い _____

7）値段が高い _____   8）値段が安い _____

9）きれい、かわいい _____   10）汚い（みにくい）_____

11）細い _____   12）太っている _____

13）感じの良い _____   14）感じの悪い _____

8. 質問に答えましょう。

1）¿Cómo se dice「机」en español?

_____

2）¿Qué significa "buenos días"?

_____

3）¿Cómo te llamas?

_____

4）¿De dónde eres?

_____

5）¿Quién es tu profesor（a）de español?

_____

6）¿De dónde es tu profesor（a）?

_____

7）¿De quién es el coche?（de Juan）

_____

Repaso 2　復習 2

1. どちらか正しい方を選びましょう。

  1) Carmen ＿＿＿＿＿＿ cansada

    a) está   b) es

  2) ＿＿＿＿＿＿ unos niños en el parque.

    a) están   b) hay

  3) ¿Cómo ＿＿＿＿＿＿? Muy bien, gracias.

    a) estás   b) eres

  4) ¿Dónde ＿＿＿＿＿＿ la estación del metro?

    a) es   b) está

  5) ¿Cómo ＿＿＿＿＿＿ tus gatos? Son grandes.

    a) están   b) son

  6) ¿Qué ＿＿＿＿＿＿ en la mesa?

    a) está   b) hay

2. 質問に当てはまる答えを選びましょう。

  1) ¿Dónde están los niños?　(　　)　　　a. No, está cerrada.

  2) ¿Está abierta la cafetería?　(　　)　　b. Están en el jardín.

  3) ¿Cómo es Mario?　　　　(　　)　　　c. No, está en el hospital.

  4) ¿Cómo está usted?　　　(　　)　　　d. Es alto y amable.

  5) ¿Hay un banco por aquí?　(　　)　　　e. Muy bien, gracias.

  6) ¿Está el doctor en casa?　(　　)　　　f. Sí, hay uno aquí cerca.

3. 指示に従って、適切な語を入れましょう。

  1) ＿＿＿＿＿＿ padres están ahora de viaje.（私の）

  2) ¿Cuál es ＿＿＿＿＿＿ número de teléfono?（君の）

  3) ＿＿＿＿＿＿ coche es de la profesora.（この）

  4) ¿Qué es ＿＿＿＿＿＿ edificio alto?（あの）

  5) ＿＿＿＿＿＿ es Carmen, ＿＿＿＿＿＿ amiga.（こちら）（私の）

  6) ＿＿＿＿＿＿ libros están ＿＿＿＿＿＿, sobre la mesa.（君たちの）（あそこ）

  7) ¿Qué hay ＿＿＿＿＿＿? – ＿＿＿＿＿＿ hay unos caramelos.（そこ）（ここ）

4. （　　　）の動詞を直説法現在の適切な形に活用させましょう。

1) Yo (hablar) _____ japonés, inglés y un poco de español.

2) ¿Dónde (vivir, Ud.) _____ ? −Vivo en Barcelona.

3) Normalmente (comer, nosotros) _____ a las doce.

4) ¿A qué hora (desayunar, tú) _____ ?

5) ¿(trabajar) _____ tus padres? −Sí, en una oficina.

5. （　　　）の動詞を直説法現在の適切な形に活用させ、[　　　]には一語を入れて文を完成させましょう。

1) [　　　　] estudiante (querer _____) viajar por Latinoamérica.
   この学生は中南米を旅行したがっている。

2) ¿Cuándo (pensar _____) visitar [　　　] hijos a [　　　　] pianista?
   君の息子さんたちは、いつあのピアニスト（男）を訪問するつもりですか？

3) El cumpleaños de [　　　] madre (ser _____) [　　　　] treinta y uno de agosto.
   母の誕生日は 8 月 31 日です。

4) ¿[　　　　] qué hora (empezar _____) el partido de fútbol?
   サッカーの試合は何時に始まるのですか？

6. 正しい答えを○で囲みましょう。

1) ¿Qué hora es?

  a) son la una   b) es la una   c) es a la una

2) Yo no _____ comer hoy porque estoy enferma.

  a) puedo   b) poder   c) puede

3) ¿A qué hora _____ la clase de español?

  a) empiezo   b) empieza   c) empiezan

4) Quiero _____ al baloncesto el domingo.

  a) juego   b) jugar   c) juegas

5) _____ padres piensan viajar por Europa.

  a) mis   b) yo   c) mi

6) Profesora, ¿puede _____ otra vez, por favor?

  a) recordar   b) servir   c) repetir

7) ¿ _____ es tu cumpleaños ? Es el cinco de mayo.

  a) cuándo   b) cuánto   c) cuál

8) Nosotros estudiamos en _____ universidad.

  a) este   b) esta   c) esto

Repaso 3　復習 3

1. (　) に動詞の意味を入れ、直説法現在の活用表を完成させましょう。

hacer (　)	poner (　)	salir (　)	tener (　)	venir (　)	decir (　)

2. (　) に動詞の意味を入れ、直説法現在の活用表を完成させましょう。

saber (　)	conocer (　)	ver (　)	oír (　)	ir (　)	dar (　)

3. 下線に当てはまる目的格人称代名詞を入れましょう。

1) ¿ _____ (私を) esperas en la estación?

　　−Sí, _____ espero en la salida.

2) ¿Buscáis a tus amigos?

　　−Sí, _____ buscamos desde hace rato

3) ¿Dónde venden esas verduras? Están muy frescas.

　　− _____ venden en aquel supermercado.

4) ¿Me trae un café con leche, por favor?

　　−Sí, en seguida _____ _____ traigo.

5) ¿Le vas a dar esos chocolates a tu novio?

　　−Sí, _____ _____ voy a dar en su cumpleaños.

6) ¿Me das tu teléfono?

　　− _____ _____ doy después. Es que ahora no tengo tiempo.

7) ¿Nos puede enviar el paquete mañana?

　　−De acuerdo. _____ _____ envío para mañana.

4. 反対の意味になる前置詞句を使った文を書きましょう。

1) La universidad está <u>lejos de</u> mi casa.

_____

2) El gato está <u>encima de</u> la cama.

_____

3) El libro está <u>dentro de</u> la mochila.

_____

4) La biblioteca está <u>a la derecha de</u> la cafetería.

_____

5. スペイン語の意味はどれですか？（　　）に正しい記号を入れましょう。

1) agua　　（　　　）　a. レタス　　　　6) carne　　（　　　）　f. 卵

2) huevo　 （　　　）　b. オレンジ　　　7) verdura　（　　　）　g. 肉

3) naranja　（　　　）　c. リンゴ　　　　8) manzana（　　　）　h. 牛乳

4) leche　　（　　　）　d. 水　　　　　　9) lechuga　（　　　）　i. 米

5) ensalada （　　　）　e. 野菜　　　　10) arroz　　（　　　）　j. サラダ

6. 日本語に合うように書きかえましょう。

1) Creer (yo) / el programa / que / interesante / es　その番組は面白いと思う。

_____

2) amigos / Mis / cerca / vivir / del / metro　私の友達は地下鉄の近くに住んでいる。

_____

3) ¿conocer / a / José / María?　ホセはマリアを知っていますか？

_____

4) Jorge / en / me / esperar / estación / la　ホルヘは私を駅で待っている。

_____

5) La / está / biblioteca / a / junto / cafetería / la　図書館は喫茶店の近くにある。

_____

6) pirámide / tener / La / escalones / trescientos sesenta y cinco

そのピラミッドには365段の階段がある。

_____

7) ¿Cuántos / tu / cumplir / años / padre?　君のお父さんは何歳になるの？

_____

79

Repaso 4　復習 4

1. 下線部に当てはまる語句を a), b), c) の中から選びましょう。

1) Mis zapatos son baratos pero los ＿＿＿＿＿＿＿ (de Ud.) son caros.

    a) sus　　　　　　b) suyos　　　　　　c) se

2) ¿Dónde está ＿＿＿＿＿＿＿ colegio?

    a) tu　　　　　　　b) tuya　　　　　　c) tuyo

3) María ＿＿＿＿＿＿＿ quiere dar un regalo a Jorge y a Sara.

    a) le　　　　　　　b) se　　　　　　　c) les

4) A nosotros ＿＿＿＿＿＿＿ encanta viajar.

    a) nuestro　　　　b) os　　　　　　　c) nos

5) A ＿＿＿＿＿＿＿ me gusta ir al cine. ¿Y a ti?

    a) mí　　　　　　b) mi　　　　　　　c) yo

6) ¿Nos das tu número de teléfono? −Sí, ＿＿＿＿＿＿＿ lo doy después.

    a) te　　　　　　　b) os　　　　　　　c) se

7) Los niños ＿＿＿＿＿＿＿ lavan las manos antes de comer.

    a) le　　　　　　　b) les　　　　　　　c) se

8) ¿A qué hora ＿＿＿＿＿＿＿ acuestas? −Me acuesto a las 12 de la noche.

    a) me　　　　　　b) tu　　　　　　　c) te

9) ¿Cómo ＿＿＿＿＿＿＿ llaman Uds.? −Él se llama Carlos y yo me llamo Carmen.

    a) nos　　　　　　b) se　　　　　　　c) os

10) ¿Cómo ＿＿＿＿＿＿＿ dice *sayonara* en español?

    a) se　　　　　　　b) le　　　　　　　c) nos

2. 日本語に合うように書きかえましょう。動詞は正しい形に活用させましょう。

1) (levantarse, Elena, tarde) エレナは遅く起きる。

＿＿＿＿＿＿＿＿＿＿＿＿＿＿＿＿＿＿＿＿＿＿＿＿＿＿＿＿＿＿＿

2) (gustar, a, me, los, chocolates, mí)　私はチョコレートが好きだ。

＿＿＿＿＿＿＿＿＿＿＿＿＿＿＿＿＿＿＿＿＿＿＿＿＿＿＿＿＿＿＿

3) (¿ qué, hora, acostarse, a, tú ?)　君は何時に寝るの？

＿＿＿＿＿＿＿＿＿＿＿＿＿＿＿＿＿＿＿＿＿＿＿＿＿＿＿＿＿＿＿

4) (nos, gustar, de, compras, ir, contigo)　君と買い物へ行くのが好きだ。

＿＿＿＿＿＿＿＿＿＿＿＿＿＿＿＿＿＿＿＿＿＿＿＿＿＿＿＿＿＿＿

5) (lavarse, dientes, los, yo, dormir, antes de)　私は寝る前に歯を磨きます。

＿＿＿＿＿＿＿＿＿＿＿＿＿＿＿＿＿＿＿＿＿＿＿＿＿＿＿＿＿＿＿

3. 会話が成り立つように記号を合わせましょう。

1) ¿Te gustan los conejos?　（　　）　　　a. Pienso en Laura.

2) ¿Hay alguien ahí?　（　　）　　　b. Es para mi madre.

3) ¿Para quién es el regalo?　（　　）　　　c. No, no me gustan nada.

4) ¿En quién piensas?　（　　）　　　d. Voy con mi hermana.

5) ¿Con quién vas a la fiesta?　（　　）　　　e. No, no hay nadie.

4. 次の日本語をスペイン語にしましょう。

1) Carlos は Mario と同じくらい背が高い。

_____

2) 彼らは私たちよりも上手に歌います。

_____

3) Teresa は Sara より多くの本を持っている。

_____

4) この家はあちらのよりもきれい（清潔）だ。

_____

5) 父は私よりも早く起きます。

_____

6) Enrique は Laura よりもよく勉強します。

_____

7) この本屋（librería）はこの町で一番大きい。

_____

8) Tomás はクラスで一番年上だ。

_____

5. 絶対最上級に書きかえましょう。（形容詞 -ísimo, -a, -os, -as）（副詞 -ísimo）

1) Este estudiante es（alto）_____

2) La paella está（bueno）_____

3) Tengo（muchos）_____ amigos.

4) Ellos leen（poco）_____

5)（Querida）_____ amiga.

Repaso 5　復習 5

1. 動詞の意味を確認し、直説法点過去の活用表を完成させましょう。

estar	repetir	poner	hacer	tener	ir	saber	decir

2. 動詞の意味を確認し、直説法線過去の活用表を完成させましょう。

jugar	querer	vivir	ser	ir	ver

3. （　　）の動詞を直説法点過去に活用させて、質問に答えましょう。

La Universidad de Salamanca (USAL) (nacer　　　　　) en 1218. Es la universidad más antigua de España. Antonio de Nebrija, autor de la primera *Gramática Castellana*, (enseñar　　　　　) en ella.

El edificio de la Universidad Antigua es famoso en el mundo. Lo (construir　　　　　) en el siglo XV. Todos los edificios antiguos de la Universidad son Patrimonio de la Humanidad. Los exemperadores de Japón, Akihito y Michiko, (visitar　　　　　) la USAL dos veces. El actual emperador la (visitar　　　　) también.

1）¿En qué año nació la universidad de Salamanca? _____

2）¿Quién fue Antonio de Nebrija? _____

3）¿En qué siglo lo construyeron? _____

4）¿Qué personajes importantes de Japón la visitaron?

_____

4. 下線部に当てはまる動詞の活用形を a), b), c)から選びましょう。

1) Cuando _____ niño, me gustaba ir al mar.

    a) fui   b) era   c) he sido

2) Cuando me _____ anoche, yo estaba viendo las noticias.

    a) llamabas   b) llamas   c) llamaste

3) ¿Sabías que Carmen y Juan _____ el año pasado.

    a) se casaron   b) se casaban   c) se han casado

4) Ayer hubo un terremoto. ¿Te _____ cuenta?   *darse cuenta 気が付く

    a) diste   b) dabas   c) has dado

5) De niño, _____ temprano.

    a) me acostaba   b) me acosté   c) me he acostado

6) ¿ _____ ya esa película? Es un documental muy interesante.

    a) ves   b) veías   c) has visto

7) Anoche no _____ dormir bien. Creo que tenía fiebre.

    a) pude   b) podías   c) hemos podido

8) En las noticias _____ que tenemos que estar en casa.

    a) dijo   b) han dicho   c) decía

5. (　　) の動詞を直説法現在完了の適切な形に活用させましょう。

1) La clase no (terminar) _____ todavía.

2) Las películas de Disney (tener) _____ mucho éxito.

3) Nos (gustar) _____ mucho la comida de ese restaurante.

4) ¿(Estar, tú) _____ alguna vez en España?

5) ¿Ud. (ver) _____ alguna película de Almodóvar?

6. 次の日本語を「estar ＋現在分詞」を使ってスペイン語にしましょう。

1) 私たちは今スペイン語を勉強しています。 _____

2) 私はテレビでニュースを見ているところです。 _____

3) あなたたちはどこで野球の練習をしているの？ _____

4) あなたはここで何をしていますか？ _____

5) 子供たちは眠っているところです。 _____

Repaso 6　復習 6

1. 動詞の意味を確認し、直説法未来の活用表を完成させましょう。

trabajar	entender	querer	saber	salir	decir

2. 動詞の意味を確認し、直説法過去未来の活用表を完成させましょう。

cantar	comer	poder	venir	tener	hacer

3. 動詞の意味を確認し、接続法現在の活用表を完成させましょう。

hablar	vivir	ser	pensar	buscar	pedir

4. 動詞の意味を確認し、tú と vosotros の肯定・否定命令形を作りましょう。

| | （肯定命令） | （否定命令） | | （肯定命令） | （否定命令） |

1) poner （tú） ＿＿＿＿＿＿, ＿＿＿＿＿＿ （vosotros) ＿＿＿＿＿＿, ＿＿＿＿＿＿

2) decir （tú） ＿＿＿＿＿＿, ＿＿＿＿＿＿ （vosotros) ＿＿＿＿＿＿, ＿＿＿＿＿＿

3) hacer （tú） ＿＿＿＿＿＿, ＿＿＿＿＿＿ （vosotros) ＿＿＿＿＿＿, ＿＿＿＿＿＿

4) ir 　　（tú） ＿＿＿＿＿＿, ＿＿＿＿＿＿ （vosotros) ＿＿＿＿＿＿, ＿＿＿＿＿＿

5) tener （tú） ＿＿＿＿＿＿, ＿＿＿＿＿＿ （vosotros) ＿＿＿＿＿＿, ＿＿＿＿＿＿

6) venir （tú） ＿＿＿＿＿＿, ＿＿＿＿＿＿ （vosotros) ＿＿＿＿＿＿, ＿＿＿＿＿＿

7) ser 　（tú） ＿＿＿＿＿＿, ＿＿＿＿＿＿ （vosotros) ＿＿＿＿＿＿, ＿＿＿＿＿＿

8) salir （tú） ＿＿＿＿＿＿, ＿＿＿＿＿＿ （vosotros) ＿＿＿＿＿＿, ＿＿＿＿＿＿

5. 指示された動詞を、A は未来形に、B は過去未来形に活用させましょう。

1）comerse

   A: Fernado ＿＿＿＿＿＿＿ todo el pastel.

   B: Ella me dijo que Fernando ＿＿＿＿＿＿＿ todo el pastel.

2）viajar

   A: Yo ＿＿＿＿＿＿＿ por todo el mundo cuando tenga dinero.

   B: Marta dijo que ＿＿＿＿＿＿＿ por todo el mundo cuando tenga dinero.

3）poder

   A: (nosotros) ＿＿＿＿＿＿＿ salir de casa cuando la situación se mejore.

   B: Creíamos que ＿＿＿＿＿＿＿ salir de casa cuando todo esté controlado.

4）llegar

   A: ¿A qué hora ＿＿＿＿＿＿＿ el avión mañana?

   B: ¿A qué hora ＿＿＿＿＿＿＿ el avión anoche?

5）acostumbrarse

   A: ¿ ＿＿＿＿＿＿＿ (tú) a las clases a distancia?

   B: Ellos nos dijeron que ＿＿＿＿＿＿＿ (nosotros) a las clases a distancia.

6. (　　) の動詞を接続法現在の適切な形に活用させましょう。

1）Es importante que (hacer, tú) ＿＿＿＿＿＿＿ ejercicio.

2）Dudo que ellos (poder) ＿＿＿＿＿＿＿ viajar solos por México.

3）¿Crees que los niños (levantarse) ＿＿＿＿＿＿＿ temprano?

4）Esperamos que pronto (recuperarse) ＿＿＿＿＿＿＿ la economía mundial.

5）Nos han dicho que tal vez las clases (terminar) ＿＿＿＿＿＿＿ en agosto.

6）Quiero que (ser, ellos) ＿＿＿＿＿＿＿ médicos.

7. それぞれの状況に最も適した応答を a), b), c)から選びましょう。

1）Cuando te despides de alguien:

   a) ¡Ten cuidado!   b) ¡Que te mejores!   c) ¡Que estés bien!

2）Cuando alguien va a tener un examen:

   a) ¡Que estés bien!   b) ¡Que te diviertas!   c) ¡Que tengas éxito!

3）Cuando alguien sale de viaje.

   a) ¡Buen viaje!   b) ¡Que descanses!   c) ¡Ten cuidado!

4）Cuando alguien está enfermo:

   a) ¡Que tengas éxito!   b) ¡Que te mejores!   c) ¡Que te vaya bien!

5）Cuando alguien se va a una fiesta:

   a) ¡Que descanses!   b) ¡Que te diviertas!   c) ¡Ten cuidado!

文法補足 Suplemento

1. 直説法過去完了

〈haber の直説法線過去〉＋ 過去分詞

過去のある時点より前に完了したことや、過去のある時点までの経験。

Cuando llegué al aeropuerto, ya había salido el avión.

私が空港に着いたとき、飛行機はすでに出発していた。

Hasta entonces, yo nunca había estado en Perú.

私はその時まで一度もペルーに行ったことがなかった。

2. 直説法未来完了

〈haber の直説法未来〉＋ 過去分詞

未来のある時点までに完了していることや、現在完了の推量。

Habremos terminado este trabajo para mañana.

私たちは明日までにこの仕事を終えているだろう。

Mi hermano habrá llegado a Madrid a estas horas.

私の兄は今ごろマドリードに着いているだろう。

3. 直説法過去未来完了

〈haber の直説法過去未来〉＋ 過去分詞

過去からみた未来の完了や、過去の事実に反する条件文「7. 条件文４）」の帰結節。

Él dijo que la fiesta habría empezado a las siete de la noche.

パーティーは夜７時には始まっているだろうと彼は言った。

4. 接続法過去

直説法点過去３人称複数形から ron を取って作る。

  -ra 形：-ra, -ras, –ra, –ramos, –rais, –ran をつける。

  -se 形：-se, -ses, –se, -semos, -seis, -sen をつける。

  ※どちらも同じように使われるが、婉曲表現には -ra 形を使う。

hablar (hablaron)：hablara, hablaras, hablara, habláramos, hablarais, hablaran

comer (comieron)：comiera, comieras, comiera, comiéramos, comierais, comieran

vivir (vivieron)：viviera, vivieras, viviera, viviéramos, vivierais, vivieran

用法 ① 接続法を要求する主節の動詞が過去時制（点・線・過去未来）のとき、従属節の動詞は接続法過去になる。

  Papá nos dijo que estudiáramos más.　パパは私たちにもっと勉強するように言った。

  Deseábamos que Pedro tuviera éxito.　私たちはペドロに成功してほしいと願っていた。

  Sería mejor que no fumaras.　君はタバコを吸わない方が良いだろうに。

※直説法点過去・線過去・過去未来は、接続法では過去形になる。

    Yo creo que Ana hizo la comida.   → Yo no creo que Ana hiciera la comida.

    Yo creía que Ana hacía la comida. → Yo no creía que Ana hiciera la comida.

    Yo creía que Ana haría la comida. → Yo no creía que Ana hiciera la comida.

用法 ② 婉曲表現に用いる。

    Quisiera ayudarte, pero no tengo tiempo.　お手伝いしたいのだけれど時間がない。

    Ojalá pudieras ayudarme. 手伝ってもらえれば助かるのだが …。

5. 接続法現在完了

〈haber の接続法現在〉+ 過去分詞

No hay nadie que haya terminado la tarea.　宿題を終えた人は誰もいない。

6. 接続法過去完了

〈haber の接続法過去〉+ 過去分詞

No había nadie que hubiera terminado la tarea.　宿題を終えた人は誰もいなかった。

7. 条件文

  1）現実的条件文（条件節の内容が事実である可能性）

    Si +〈直説法現在〉、〈直説法未来〉

    Si hace mal tiempo, me quedaré en casa. → 悪天候の可能性がある。

    もし天気が悪ければ、私は家にいるだろう。

  2）非現実的条件文（条件節の内容が事実かどうか不明）

    Si +〈接続法過去〉、〈直説法過去未来〉

    Si hiciera mal tiempo, me quedaría en casa. → 悪天候の可能性は極めて低い。

    もしも（万が一）天気が悪ければ、私は家にいるだろう。

  3）現在の事実に反する条件文

    Si +〈接続法過去〉、〈直説法過去未来〉

    Si yo fuera millonaria, compraría una casa bonita en Cancún.

    もしも私が（現在）大金持ちなら、カンクンにすてきな家を買うだろうに。

  4）過去の事柄に反する条件文

    Si +〈接続法過去完了〉、〈直説法過去未来完了〉

    Si yo hubiera sido millonaria, habría comprado una casa bonita en Cancún.

    もしも私が（その時）大金持ちだったら、カンクンにすてきな家を買っていただろうに。

動詞の活用表

規則活用

完了形（現在完了・過去完了・未来完了）は「haber の活用＋過去分詞」で作られる。

不定詞 現在分詞 過去分詞	直説法 現在	直説法 点過去	直説法 線過去	直説法 未来	直説法 過去未来	接続法 現在
① hablar 話す hablando hablado	hablo hablas habla hablamos habláis hablan	hablé hablaste habló hablamos hablasteis hablaron	hablaba hablabas hablaba hablábamos hablabais hablaban	hablaré hablarás hablará hablaremos hablaréis hablarán	hablaría hablarías hablaría hablaríamos hablaríais hablarían	hable hables hable hablemos habléis hablen
② comer 食べる comiendo comido	como comes come comemos coméis comen	comí comiste comió comimos comisteis comieron	comía comías comía comíamos comíais comían	comeré comerás comerá comeremos comeréis comerán	comería comerías comería comeríamos comeríais comerían	coma comas coma comamos comáis coman
③ vivir 住む viviendo vivido	vivo vives vive vivimos vivís viven	viví viviste vivió vivimos vivisteis vivieron	vivía vivías vivía vivíamos vivíais vivían	viviré vivirás vivirá viviremos viviréis vivirán	viviría vivirías viviría viviríamos viviríais vivirían	viva vivas viva vivamos viváis vivan

不規則活用

	直説法 現在	直説法 点過去	直説法 線過去	直説法 未来	直説法 過去未来	接続法 現在
① acostar 寝かせる acostando acostado	acuesto acuestas acuesta acostamos acostáis acuestan	acosté acostaste acostó acostamos acostasteis acostaron	acostaba acostabas acostaba acostábamos acostabais acostaban	acostaré acostarás acostará acostaremos acostaréis acostarán	acostaría acostarías acostaría acostaríamos acostaríais acostarían	acueste acuestes acueste acostemos acostéis acuesten
② buscar 探す buscando buscado	busco buscas busca buscamos buscáis buscan	busqué buscaste buscó buscamos buscasteis buscaron	buscaba buscabas buscaba buscábamos buscabais buscaban	buscaré buscarás buscará buscaremos buscaréis buscarán	buscaría buscarías buscaría buscaríamos buscaríais buscarían	busque busques busque busquemos busquéis busquen

不定詞 現在分詞 過去分詞	直説法 現在	直説法 点過去	直説法 線過去	直説法 未来	直説法 過去未来	接続法 現在
③ cerrar 閉める cerrando cerrado	cierro cierras cierra cerramos cerráis cierran	cerré cerraste cerró cerramos cerrasteis cerraron	cerraba cerrabas cerraba cerrábamos cerrabais cerraban	cerraré cerrarás cerrará cerraremos cerraréis cerrarán	cerraría cerrarías cerraría cerraríamos cerraríais cerrarían	cierre cierres cierre cerremos cerréis cierren
④ conducir 運転する / 導く conduciendo conducido	conduzco conduces conduce conducimos conducís conducen	conduje condujiste condujo condujimos condujisteis condujeron	conducía conducías conducía conducíamos conducíais conducían	conduciré conducirás conducirá conduciremos conduciréis conducirán	conduciría conducirías conduciría conduciríamos conduciríais conducirían	conduzca conduzcas conduzca conduzcamos conduzcáis conduzcan
⑤ conocer 知る/知っている conociendo conocido	conozco conoces conoce conocemos conocéis conocen	conocí conociste conoció conocimos conocisteis conocieron	conocía conocías conocía conocíamos conocíais conocían	conoceré conocerás conocerá conoceremos conoceréis conocerán	conocería conocerías conocería conoceríamos conoceríais conocerían	conozca conozcas conozca conozcamos conozcáis conozcan
⑥ construir 建設する construyendo construido	construyo construyes construye construimos construís construyen	construí construiste construyó construimos construisteis construyeron	construía construías construía construíamos construíais construían	construiré construirás construirá construiremos construiréis construirán	construiría construirías construiría construiríamos construiríais construirían	construya construyas construya construyamos construyáis construyan
⑦ contar 数える / 語る contando contado	cuento cuentas cuenta contamos contáis cuentan	conté contaste contó contamos contasteis contaron	contaba contabas contaba contábamos contabais contaban	contará contarás contará contaremos contaréis contarán	contaría contarías contaría contaríamos contaríais contarían	cuente cuentes cuente contemos contéis cuenten
⑧ creer 信じる / 思う creyendo creído	creo crees cree creemos creéis creen	creí creíste creyó creímos creísteis creyeron	creía creías creía creíamos creíais creían	creerá creerás creerá creeremos creeréis creerán	creería creerías creería creeríamos creeríais creerían	crea creas crea creamos creáis crean

不定詞 現在分詞 過去分詞	直説法 現在	直説法 点過去	直説法 線過去	直説法 未来	直説法 過去未来	接続法 現在
⑨ dar 与える / あげる dando dado	doy das da damos dais dan	di diste dio dimos disteis dieron	daba dabas daba dábamos dabais daban	daré darás dará daremos daréis darán	daría darías daría daríamos daríais darían	dé des dé demos deis den
⑩ decir 言う diciendo dicho	digo dices dice decimos decís dicen	dije dijiste dijo dijimos dijisteis dijeron	decía decías decía decíamos decíais decían	diré dirás dirá diremos diréis dirán	diría dirías diría diríamos diríais dirían	diga digas diga digamos digáis digan
⑪ despertar 起こす despertando despierto	despierto despiertas despierta despertamos despertáis despiertan	desperté despertaste despertó despertamos despertasteis despertaron	despertaba despertabas despertaba despertábamos despertabais despertaban	despertaré despertarás despertará despertaremos despertaréis despertarán	despertaría despertarías despertaría despertaríamos despertaríais despertarían	despierte despiertes despierte despertemos despertéis despierten
⑫ dormir 眠る durmiendo dormido	duermo duermes duerme dormimos dormís duermen	dormí dormiste durmió dormimos dormisteis durmieron	dormía dormías dormía dormíamos dormíais dormían	dormiré dormirás dormirá dormiremos dormiréis dormirán	dormiría dormirías dormiría dormiríamos dormiríais dormirían	duerma duermas duerma durmamos durmáis duerman
⑬ encontrar 会う / 見つける encontrando encontrado	encuentro encuentras encuentra encontramos encontráis encuentran	encontré encontraste encontró encontramos encontrasteis encontraron	encontraba encontrabas encontraba encontrábamos encontrabais encontraban	encontraré encontrarás encontrará encontraremos encontraréis encontrarán	encontraría encontrarías encontraría encontraríamos encontraríais encontrarían	encuentre encuentres encuentre encontremos encontréis encuentren
⑭ empezar 始まる / 始める empezando empezado	empiezo empiezas empieza empezamos empezáis empiezan	empecé empezaste empezó empezamos empezasteis empezaron	empezaba empezabas empezaba empezábamos empezabais empezaban	empezaré empezarás empezará empezaremos empezaréis empezarán	empezaría empezarías empezaría empezaríamos empezaríais empezarían	empiece empieces empiece empecemos empecéis empiecen

不定詞 現在分詞 過去分詞	直説法 現在	直説法 点過去	直説法 線過去	直説法 未来	直説法 過去未来	接続法 現在
⑮ entender 理解する entendiendo entendido	entiendo entiendes entiende entendemos entendéis entienden	entendí entendiste entendió entendimos entendisteis entendieron	entendía entendías entendía entendíamos entendíais entendían	entenderé entenderás entenderá entenderemos entenderéis entenderán	entendería entenderías entendería entenderíamos entenderíais entenderían	entienda entiendas entienda entendamos entendáis entiendan
⑯ estar いる / ある estando estado	estoy estás está estamos estáis están	estuve estuviste estuvo estuvimos estuvisteis estuvieron	estaba estabas estaba estábamos estabais estaban	estaré estarás estará estaremos estaréis estarán	estaría estarías estaría estaríamos estaríais estarían	esté estés esté estemos estéis estén
⑰ haber 〜がある / いる ［完了形を作る］ habiendo habido	he has ha / hay hemos habéis han	hube hubiste hubo hubimos hubisteis hubieron	había habías había habíamos habíais habían	habré habrás habrá habremos habréis habrán	habría habrías habría habríamos habríais habrían	haya hayas haya hayamos hayáis hayan
⑱ hacer する / 作る haciendo hecho	hago haces hace hacemos hacéis hacen	hice hiciste hizo hicimos hicisteis hicieron	hacía hacías hacía hacíamos hacíais hacían	haré harás hará haremos haréis harán	haría harías haría haríamos haríais harían	haga hagas haga hagamos hagáis hagan
⑲ ir 行く yendo ido	voy vas va vamos vais van	fui fuiste fue fuimos fuisteis fueron	iba ibas iba íbamos ibais iban	iré irás irá iremos iréis irán	iría irías iría iríamos iríais irían	vaya vayas vaya vayamos vayáis vayan
⑳ jugar 遊ぶ jugando jugado	juego juegas juega jugamos jugáis juegan	jugué jugaste jugó jugamos jugasteis jugaron	jugaba jugabas jugaba jugábamos jugabais jugaban	jugaré jugarás jugará jugaremos jugaréis jugarán	jugaría jugarías jugaría jugaríamos jugaríais jugarían	juegue juegues juegue juguemos juguéis jueguen

不定詞 現在分詞 過去分詞	直説法 現在	直説法 点過去	直説法 線過去	直説法 未来	直説法 過去未来	接続法 現在
㉑ leer 読む leyendo leído	leo lees lee leemos leéis leen	leí leíste leyó leímos leísteis leyeron	leía leías leía leíamos leíais leían	leeré leerás leerá leeremos leeréis leerán	leería leerías leería leeríamos leeríais leerían	lea leas lea leamos leáis lean
㉒ llegar 到着する llegando llegado	llego llegas llega llegamos llegáis llegan	llegué llegaste llegó llegamos llegasteis llegaron	llegaba llegabas llegaba llegábamos llegabais llegaban	llegaré llegarás llegará llegaremos llegaréis llegarán	llegaría llegarías llegaría llegaríamos llegaríais llegarían	llegue llegues llegue lleguemos lleguéis lleguen
㉓ medir 測る/身長がある midiendo medido	mido mides mide medimos medís miden	medí mediste midió medimos medisteis midieron	medía medías medía medíamos medíais medían	mediré medirás medirá mediremos mediréis medirán	mediría medirías mediría mediríamos mediríais medirían	mida midas mida midamos midáis midan
㉔ morir 死ぬ muriendo muerto	muero mueres muere morimos morís mueren	morí moriste murió morimos moristeis murieron	moría morías morías moríamos moríais morían	moriré morirás morirá moriremos moriréis morirán	moriría morirías moriría moriríamos moriríais morirían	muera mueras muera muramos muráis mueran
㉕ oír 聞く / 聞こえる oyendo oído	oigo oyes oye oímos oís oyen	oí oíste oyó oímos oísteis oyeron	oía oías oía oíamos oíais oían	oiré oirás oirá oiremos oiréis oirán	oiría oirías oiría oiríamos oiríais oirían	oiga oigas oiga oigamos oigáis oigan
㉖ pedir 頼む pidiendo pedido	pido pides pide pedimos pedís piden	pedí pediste pidió pedimos pedisteis pidieron	pedía pedías pedía pedíamos pedíais pedían	pediré pedirás pedirá pediremos pediréis pedirán	pediría pedirías pediría pediríamos pediríais pedirían	pida pidas pida pidamos pidáis pidan

不定詞 現在分詞 過去分詞	直説法 現在	直説法 点過去	直説法 線過去	直説法 未来	直説法 過去未来	接続法 現在
㉗ pensar 考える pensando pensado	pienso piensas piensa pensamos pensáis piensan	pensé pensaste pensó pensamos pensasteis pensaron	pensaba pensabas pensaba pensábamos pensabais pensaban	pensaré pensarás pensará pensaremos pensaréis pensarán	pensaría pensarías pensaría pensaríamos pensaríais pensarían	piense pienses piense pensemos penséis piensen
㉘ poder 〜できる pudiendo podido	puedo puedes puede podemos podéis pueden	pude pudiste pudo pudimos pudisteis pudieron	podía podías podías podíamos podíais podían	podré podrás podrá podremos podréis podrán	podría podrías podría podríamos podríais podrían	pueda puedas pueda podamos podáis puedan
㉙ preferir 〜の方を好む prefiriendo preferido	prefiero prefieres prefiere preferimos preferís prefieren	preferí preferiste prefirió preferimos preferisteis prefirieron	prefería preferías prefería preferíamos preferíais preferían	preferiré preferirás preferirá preferiremos preferiréis preferirán	preferiría preferirías preferiría preferiríamos preferiríais preferirían	prefiera prefieras prefiera prefiramos prefiráis prefieran
㉚ querer 〜が欲しい 〜がしたい queriendo querido	quiero quieres quiere queremos queréis quieren	quise quisiste quiso quisimos quisisteis quisieron	quería querías quería queríamos queríais querían	querré querrás querrá querremos querréis querrán	querría querrías querría querríamos querríais querrían	quiera quieras quiera queramos queráis quieran
㉛ recordar 思い出す recordando recordado	recuerdo recuerdas recuerda recordamos recordáis recuerdan	recordé recordaste recordó recordamos recordasteis recordaron	recordaba recordabas recordaba recordábamos recordabais recordaban	recordaré recordarás recordará recordaremos recordaréis recordarán	recordaría recordarías recordaría recordaríamos recordaríais recordarían	recuerde recuerdes recuerde recordemos recordéis recuerden
㉜ repetir 繰り返す repitiendo repetido	repito repites repite repetimos repetís repiten	repetí repetiste repitió repetimos repetisteis repitieron	repetía repetías repetía repetíamos repetíais repetían	repetiré repetirás repetirá repetiremos repetiréis repetirán	repetiría repetirías repetiría repetiríamos repetiríais repetirían	repita repitas repita repitamos repitáis repitan

不定詞 現在分詞 過去分詞	直説法 現在	直説法 点過去	直説法 線過去	直説法 未来	直説法 過去未来	接続法 現在
㉝ salir 出る saliendo salido	salgo sales sale salimos salís salen	salí saliste salió salimos salisteis salieron	salía salías salía salíamos salíais salían	saldré saldrás saldrá saldremos saldréis saldrán	saldría saldrías saldría saldríamos saldríais saldrían	salga salgas salga salgamos salgáis salgan
㉞ saber 知る/知っている sabiendo sabido	sé sabes sabe sabemos sabéis saben	supe supiste supo supimos supisteis supieron	sabía sabías sabía sabíamos sabíais sabían	sabré sabrás sabrá sabremos sabréis sabrán	sabría sabrías sabría sabríamos sabríais sabrían	sepa sepas sepa sepamos sepáis sepan
㉟ ser ～は…だ siendo sido	soy eres es somos sois son	fui fuiste fue fuimos fuisteis fueron	era eras era éramos erais eran	seré serás será seremos seréis serán	sería serías sería seríamos seríais serían	sea seas sea seamos seáis sean
㊱ servir 役に立つ ～を出す sirviendo servido	sirvo sirves sirve servimos servís sirven	serví serviste sirvió servimos servisteis sirvieron	servía servías servía servíamos servíais servían	serviré servirás servirá serviremos serviréis servirán	serviría servirías serviría serviríamos serviríais servirían	sirva sirvas sirva sirvamos sirváis sirvan
㊲ tener 持つ Teniendo tenido	tengo tienes tiene tenemos tenéis tienen	tuve tuviste tuvo tuvimos tuvisteis tuvieron	tenía tenías tenía teníamos teníais tenían	tendré tendrás tendrá tendremos tendréis tendrán	tendría tendrías tendría tendríamos tendríais tendrían	tenga tengas tenga tengamos tengáis tengan
㊳ traer 持ってくる trayendo traído	traigo traes trae traemos traéis traen	traje trajiste trajo trajimos trajisteis trajeron	traía traías traía traíamos traíais traían	traeré traerás traerá traeremos traeréis traerán	traería traerías traería traeríamos traeríais traerían	traiga traigas traiga traigamos traigáis traigan

不定詞 現在分詞 過去分詞	直説法 現在	直説法 点過去	直説法 線過去	直説法 未来	直説法 過去未来	接続法 現在
㊩ venir 来る viniendo venido	vengo vienes viene venimos venís vienen	vine viniste vino vinimos vinisteis vinieron	venía venías venía veníamos veníais venían	vendré vendrás vendrá vendremos vendréis vendrán	vendría vendrías vendría vendríamos vendríais vendrían	venga vengas venga vengamos vengáis vengan
㊵ ver 見る viendo visto	veo ves ve vemos veis ven	vi viste vio vimos visteis vieron	veía veías veía veíamos veíais veían	veré verás verá veremos veréis verán	vería verías vería veríamos veríais verían	vea veas vea veamos veáis vean
㊶ vestir 着せる / 着る vistiendo vestido	visto vistes viste vestimos vestís visten	vestí vestiste vistió vestimos vestisteis vistieron	vestía vestías vestía vestíamos vestíais vestían	vestiré vestirás vestirá vestiremos vestiréis vestirán	vestiría vestirías vestiría vestiríamos vestiríais vestirían	vista vistas vista vistamos vistáis vistan
㊷ volver 戻る volviendo vuelto	vuelvo vuelves vuelve volvemos volvéis vuelven	volví volviste volvió volvimos volvisteis volvieron	volvía volvías volvía volvíamos volvíais volvían	volveré volverás volverá volveremos volveréis volverán	volvería volverías volvería volveríamos volveríais volverían	vuelva vuelvas vuelva volvamos volváis vuelvan

丹波美佐子（たんば　みさこ）
神奈川大学
増山久美（ますやま　くみ）
東京海洋大学・早稲田大学
Santiago J. Martín Ciprián（シプリアン・サンティアゴ J. M.）
東海大学・サマランカ大学

© Jacaranda
ハカランダ
―スペイン語の基礎―

2021年2月1日　初版発行	定価 本体 2,400 円 （税別）
2023年4月1日　再版発行	

著　者	丹　波　美　佐　子
	増　山　久　美
	Santiago J. Martín Ciprián
発 行 者	近　藤　孝　夫
印 刷 所	株式会社坂田一真堂

発 行 所　株式会社　同　学　社
〒 112-0005　東 京 都 文 京 区 水 道 1-10-7
電話 03(3816)7011・振替 00150-7-166920

ISBN978-4-8102-0442-1　　　　Printed in Japan

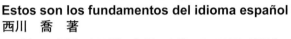

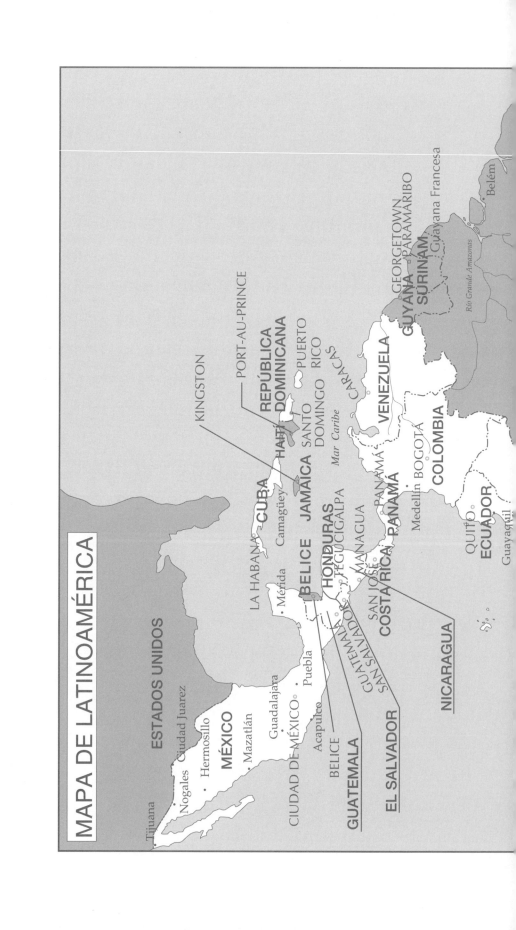

MAPA DE LATINOAMÉRICA